Marc LY

Essai

DE

Bilan Algérien

PARIS
LIBRAIRIE V. GASTINGER
6, Rue des Beaux-Arts, 6

1897

Essai de Bilan Algérien

Marc LY

Essai

DE

Bilan Algérien

PARIS

LIBRAIRIE V. GASTINGER

6, Rue des Beaux-Arts, 6

1897

PRÉFACE

À M. Edouard HUGUES.

Mon cher Edouard,

Tu m'as dit, en me promettant de m'accompagner en Algérie :
« Je m'embarquerais à regret, si je quittais Paris sans avoir quelque
idée, fût-elle générale, de l'état de la Colonie. Pour rendre hommage
à la vérité, j'avoue n'avoir jusqu'ici qu'une notion assez grise de ce
pays, et ne l'apercevoir, au travers des brouillards un peu lourds des
discussions parlementaires, que comme quelque chose de très vague,
de très imprécis, de très flou. »

J'ai fort applaudi ce langage, persuadé que je suis que l'on
s'instruit mal en voyageant et qu'Academos eût déserté ses jardins,
s'il en avait dû faire le tour dans l'énervement d'un sleepingcar.
En dépit d'Aristippe de Cyrène, je nie le plaisir en mouvement.

J'espère que ton amitié voudra bien prendre quelque plaisir à
parcourir ces lignes écrites à ton intention. Je me flatte qu'elles ne
seront point sans intérêt pour tout le monde, car l'on mène grand
bruit autour de ce pays dont bien peu savent quelque chose.

Je te les dédie, parce qu'il m'est particulièrement agréable de
voir figurer ton nom près du mien, en tête de cette œuvre modeste, il
est vrai, mais qui est une œuvre de justice et de vérité.

Certes, tu trouveras là quelque trace de nos entretiens et de nos discussions, peut-être même y rencontreras-tu de ces idées qui te sont chères et dont tu t'es constitué le défenseur éloquent dans tes articles empreints de sincérité et de conviction.

Tu me pardonneras si j'ai tenté de les redire après toi, parce que, comme toi, je n'ai jamais pris la plume sans éprouver une émotion profonde, persuadé que j'étais de la grandeur de cette belle fonction d'écrivain, qui consiste, comme le dit Drumont, l'un de nos penseurs, « à mettre en relief l'enseignement qui se dégage des faits qui « s'accomplissent devant nous. »

Paris, le 5 février 1897.

MARC LY.

ESSAIS DE BILAN ALGÉRIEN

I

« Tout progrès, le meilleur comme le pire,
« est lent et régulier..... bonnes ou mauvaises à
« notre sens, les choses sont toujours ce qu'il
« fallait qu'elles fussent ».

ANATOLE FRANCE.

Nos gouvernants ont caressé le rêve fort humanitaire d'assimiler les populations que la conquête de l'Algérie a rendues sujettes de la France. La question a même eu le grand honneur de figurer à l'ordre du jour de nos Chambres, et de soulever de longs débats dans les temples de nos législateurs. Elle a enflammé de nobles enthousiasmes et occasionné plusieurs accès de délire arabophile, heureusement sans gravité, mais qui n'ont point été sans donner de grosses inquiétudes par delà la Méditerranée. La malheureuse Algérie, victime de cet engouement passager, a connu dès lors toutes les misères qu'entraine après soi la sollicitude gouvernementale : Commissions d'enquêtes, Caravanes parlementaires, Mutations administratives......

Il faut décidément qu'elle soit de dure complexion, puisque malgré les sauterelles et le siroco, ses hôtes ordinaires, elle demeure chancelante mais toujours debout après un pareil assaut.

Nos docteurs ès-colonisation ont fouillé — sans trembler — de leur scalpel ses flancs amaigris, et de volumineux rapports ont couronné ces glorieux travaux.

Il serait malséant de contester la compétence des interpellateurs, voire même celle des interpellés. Beaucoup d'entre eux connaissent à fond l'Algérie ; ils l'ont parcourue en moins de quinze jours, du Nord au Sud, de l'Orient à l'Occident, et leur temps n'a point été dépensé follement. Ils ont admiré le ciel bleu — après la mer pénible —, goûté au couscoussou, baragouiné sabir, visité les écoles, inauguré des villages, complimenté les colons, admiré les indigènes, banqueté un peu partout, et promis à tous ce qu'ils savaient ne devoir tenir envers aucun.

A l'utile, ils ont même su joindre l'agréable, et les Ouleds-Naïls de Biskra ont trouvé en eux de fins appréciateurs de la danse du ventre.

Demandez-leur aujourd'hui ce qu'ils pensent de l'assimilation ou de l'islamisation. Ils vous répondront :

« Ah ! parfaitement, l'Algérie, la question Algérienne..... c'est très
« joli l'Algérie. Il y a Alger, et puis..... Blida..... et encore..... Biskra.
« Il y a des provinces ; trois n'est-ce pas ? Je sais, je sais. Et puis, les
« Arabes, le couscoussou, les chameaux, les dattes et...... attendez.....
« les figues de Barbarie. Ce n'est pas bon ; ne me parlez pas de ce fruit-
« là. Joli pays, riche pays. Oh ! on ne s'est pas ennuyé ».

Si vous pouvez tirer d'eux quelque renseignement plus précis, vous serez un homme de génie.

Ce n'est vraiment pas là une chose extraordinaire, après ce qu'il nous est donné d'entendre tous les jours. Tout dernièrement, le député d'un département du centre, interrogé sur le parti qu'il comptait prendre lors de la mise en discussion du privilège des bouilleurs de cru répondait : « Je ne connais pas la question, mais je voterai contre, parce que dans mon département il n'y a pas, je crois, de bouilleurs de cru. S'il n'y en en a pas, la question est sans intérêt pour mes électeurs, et je vote avec mon groupe. »

Voilà un département bien représenté. En faut-il davantage pour légiférer sagement ?

D'aucuns cependant n'ont point été satisfaits ; ils ont abandonné traîtreusement leurs compagnons, et bien vite ils sont revenus au pays du soleil. Quelque chose leur manquait ; certains points leur ayant paru ténébreux, ils voulaient que la lumière fût. Alors, pleins d'un beau zèle, pour l'amour de ces "pauvres" Arabes, martyrs des Colons, ils ont, quinze jours durant, installés dans un douar reculé, enquêté, interrogé, promis, menacé.

Leur retour dans la Métropole a été plus qu'un triomphe : Ils avaient des documents, de vrais documents pris sur place, et venaient faire justice des accusations portées contre leurs amis, désormais leurs frères, les indigènes opprimés.

La conséquence de ces folles amitiés a été terrible : l'Algérie expie cruellement la lourde faute qu'elle a commise en accordant à ses visiteurs une aussi généreuse hospitalité.

Chaque visite ministérielle ou parlementaire lui a coûté un nouvel impôt, destiné soit à la création d'écoles Arabes-Françaises, soit à l'extension de l'administration tutélaire. Le Colon, anémié par la fièvre, débilité par la chaleur, et d'autant plus chauvin qu'il est plus loin du sol natal, a bien murmuré, mais il a payé quand même. S'il a peiné davantage, il lui est resté la consolation d'être exproprié par le prêteur auquel il s'était adressé pour pouvoir offrir à MM. les Ministres, les Sénateurs ou les Députés, le champagne rafraîchissant et les fleurs odorantes.

Ainsi dépouillé, accablé de charges, le Colon a compris ; il a dégagé la morale de cette fantastique histoire, et tout naturellement il a pris en aversion ces administrateurs à distance. Il a pensé, avec raison peut-être, qu'il aurait quelque avantage à être moins connu. Le spectre de l'autonomie a hanté son esprit, et à l'heure présente, le malheureux se demande s'il ne ferait point œuvre pie, en s'opposant désormais au débarquement des envoyés du pouvoir central ou des représentants du pays.

La menace n'est pas vaine. Elle a un sérieux fondement, peut-être unique dans l'Histoire administrative, mais certain dans les annales de l'Algérie. Il y a, en effet, quelques années à peine, qu'un gouverneur fraîchement nommé par le ministre compétent dut mettre le cap sur le Nord, en vue d'Alger, sans avoir pu rejoindre son poste. Il avait entrevu la terre sur laquelle devait s'exercer sa vice-royauté, mais il avait reculé devant le bain de joyeux avènement que lui réservaient ses futurs sujets.

Avec la logique des esprits simples, le colon a pensé encore, que peut-être il serait mieux administré s'il s'administrait lui-même, et qu'il connaîtrait ses besoins beaucoup mieux que les fonctionnaires métropolitains dont on se débarrassait à son profit, pour des causes parfois connues mais rarement avouées.....

Il a pensé tout cela et bien autre chose, et s'il a accepté néanmoins sa douloureuse situation, comme il s'était résigné aux intempéries, c'est qu'il espère que parfois la Justice s'humanise, et qu'un jour ses efforts lui seront comptés.

L'Arabe, au contraire, n'a pas été loin de défaillir sous la violence d'une telle amitié ; mais, bien vite, les paternelles caresses et les soins ardents de ses protecteurs inespérés lui ont permis de reprendre ses sens. Sa raison s'est ouverte toute grande sur un horizon d'espérance, et il a compris instantanément tout le parti qu'il pouvait tirer de cette arabophilie enragée. Il a chargé ses commensaux avec une sérénité et une quiétude sémitiques. Il a conté à ses bienveillants auditeurs les fables les plus invraisemblables, et pour émouvoir davantage, il a exhibé ses membres également brunis par le soleil et l'horreur de l'eau ; il a montré sur son corps quelques traces douteuses des traitements barbares qu'on lui inflige.

Et, tandis qu'avec volubilité et faconde, donnant libre cours à son imagination orientale, il narrait des malheurs ignorés et des tortures mystérieuses, les enquêteurs anxieux retenaient des larmes, et étouffaient des sanglots.

Heureusement les aveux n'ont point été complets ! comme toujours, le côté merveilleux a seul été révélé, car le silence est la seule marque de respect qu'on doive à la réalité. Aussi l'éponge a-t-elle été passée sur les souffrances du Colon, sur ses misères et sur ses labeurs. On n'a point dit les vols, les rapines, et les lâches assassinats dont il était victime, et on a oublié que si parfois le Chrétien châtiait le Musulman, c'était pour défendre ses récoltes, ses biens et sa famille en danger.

Mais qu'importait tout cela, il fallait sauver l'Arabe, le civiliser malgré lui. Les Musulmans ont pourtant toujours protesté contre la naturalisation en masse. M͏ʳ Bouillié, dans une thèse sur l'application du droit civil aux Musulmans, rapporte même que « en 1887, les indigènes de « Constantine ont adressé aux Chambres une pétition suivie de 1700 si- « gnatures, contre une proposition de naturalisation générale, présentée « par MM. Michelin et Gautier. Cette protestation a été renouvelée en « 1890 par les Indigènes de Tlemcen, à la suite de la proposition de « naturalisation générale qui fut faite par M͏ʳ Martineau. »

Les systèmes les plus invraisemblables ont alors été inventés, proposés, pratiqués même, et bien entendu, suivant la remarque de M. Daniel Saurin : « il n'y avait dans tout cela rien ou presque rien pour nous. « Nous aurons, ajoute-t-il, bientôt intérêt à demander notre assimilation « aux Indigènes..... » — Et plus loin : « le Colon, voilà l'ennemi ; la « victime est sous le gourbi, le burnous et le crâne un peu vide des « Bédouins nos frères. »

Il fallait sur le champ assimiler, assimiler en masse, par la persuasion ou par la force; d'une race sujette, faire une race libre. L'adoption de trois millions d'hommes était chose facile, et la mamelle républicaine se gonflait assez pour nourrir sans fatigue ces nouveaux enfants. La France est une nation hospitalière; elle accueille toutes les misères et toutes les souffrances.....

L'élan s'est brisé! Heureusement! Déjà les utopies avaient été bon train. L'Arabe ne demandant qu'à devenir bon père, bon époux et bon électeur, il fallait d'un seul coup lui conférer tous ces droits dont il n'avait pas voulu par la naturalisation légale. Mr Burdeau (Rapport sur l'Algérie) dit que de 1866 à 1891, il n'y a eu que 736 cas de naturalisation individuelle. Cette dernière n'est pourtant soumise à aucune formalité sérieuse.

L'aberration était complète, comme quelques années auparavant, aux plus beaux jours du décret Crémieux.

L'organisation de la Justice, l'institution de l'Etat civil, la Constitution de la propriété: bagatelles que tout cela!

Des lois ont été portées, des décrets ont été rendus, et des nuées de fonctionnaires ayant envahi le pays, se sont mises à l'œuvre.

La Loi du 26 juillet 1873, attribuant à l'Indigène le nom de la terre dont il était propriétaire, était inapplicable ; la loi du 23 mars 1882, et le décret de l'année suivante ont comblé cette lacune.

On étend bien vite au Musulman le régime du Français. Mr Bouillié remarque ici encore que « cette législation a le grand tort d'être une application pure et simple des lois de la métropole à la colonie. » Il ajoute que: « Les Indigènes se refusent à faire les déclarations qu'on exige « d'eux. » et il donne deux raisons de ce refus: « ou bien ils ne veulent « pas que nous pénétrions dans leurs institutions familiales, ils défen- « dent que l'on touche à leur statut personnel; ou bien leur inertie vient « de ce qu'aucune sanction ne frappe la non déclaration de ces actes. »

Des commissions d'hygiène ont choisi l'emplacement de villages que les ingénieurs ont construits magnifiquement ; mais on n'a pas pu trouver d'habitants.

Des commissaires enquêteurs ont délimité la propriété, individualisé et partagé les biens des familles entre les membres. Il s'est produit alors qu'un très grand nombre d'Indigènes ont demandé, pour réaliser leur avoir, le partage des droits indivis qu'ils possédaient, ou bien encore, que des spéculateurs profitant habilement d'acquisitions préalables de de parts indivises dans d'immenses territoires, se sont portés adjudicataires de véritables domaines pour des sommes dérisoires, à la barre du tribunal. Mr Bouillié cite, d'après Mr Burdeau, l'exemple suivant : « Dans « un douar de 513 personnes, voisin de Mostaganem, et possédant indi- « visément un assez pauvre domaine de 292 hectares, un chaouch, (sor- « te d'appariteur faisant métier de rabatteur de clientèle), israëlite, em- « ployé dans l'étude d'un avocat défenseur, achète pour une somme de « vingt francs une part infinitésimale de la propriété, et réclame la lici- « tation. Elle a lieu, après avoir occasionné pour 10.944 francs de frais, « la procédure ayant été conduite par l'avocat-défenseur et au profit de « de son étude. L'opération avait été menée de main de maître car les « frais montaient juste au niveau de ce que pouvait rapporter la vente « de la propriété ; celle-ci fut adjugée pour 80 francs et il s'est trouvé que « l'acquéreur était lui-même un ancien clerc de l'avocat-défenseur. »

Des familles entières ont été ruinées du même coup. Comme le dit si éloquemment Mr Daniel Saurin, « elles sont fatalement les gibiers d'assi- « ses qui ravagent d'abord les campagnes avant d'encombrer les pri- « sons ». Et plus loin : « Tous ces douars errants, sont redevenus nomades « et dangereux parce qu'ils ont faim et ne peuvent plus fixer leur appétit « légitime sur une terre, une industrie, une certitude quelconque ».

Ces doléances auraient-elles quelque chance d'aboutir ?

Il est aujourd'hui question d'abandonner les errements anciens et de doter l'Algérie d'un régime foncier formé d'emprunts éclectiques faits aux différents systèmes en vigueur et notamment à l'Act Torens, à la législa- tion Tunisienne et à la loi Prussienne de 1872. Mais, comme ces systè- mes conduisent tous à la mobilisation du sol, le législateur a dû poser ce principe, sous les modifications qu'expose, il est vrai, M. Franck Chau- veau. De sorte que nous allons accorder, à titre de protection aux Musul- mans, une facilité de crédit, une facilité transactionnelle devant laquelle nous avons par deux fois reculé en 1882 et en 1889, dans une matière beaucoup moins dangereuse pourtant, celle de l'organisation du crédit agricole mobilier.

Des villages maritimes ont été installés sur les côtes, et il a fallu rapa- trier les pêcheurs. Ils n'ont pu soutenir la concurrence des Italiens, mieux outillés et plus experts. En outre, faute de moyens de communications, ils ont été réduits à jouer le double rôle de producteur et de consom- mateur.

Le résultat le plus directement appréciable de cette tentative d'Européanisation quand même, n'a guère été qu'un accroissement des charges budgétaires, et la création de nombreuses et grasses sinécures.

Cependant, la stérilité des efforts jusqu'ici tentés ne doit point faire condamner une idée qui porte en soi quelques germes excellents. La vérité n'a pas, pour se manifester, de moment précis ; elle ne s'impose que lentement, progressivement, mais elle est fatale. Le temps est son grand agent auquel on doit laisser faire.

Il ne faut point compter amener les Musulmans à l'acceptation de nos institutions et de nos mœurs. Ce costume qui les sépare de nous n'est point une différence d'aspect, mais le symbole d'une différence morale très profonde. Si le style est l'homme, le costume est la race, et le voile qui cache la mauresque à nos regards est, si l'on peut ainsi dire, comme la clef de voûte de l'édifice familial Musulman. Georges Thiébaud l'a dit : « les partis sont des religions et les religions sont des races. »

On s'est heurté souvent à ces obstacles, et on ne songe plus à en nier l'existence. Quelques éclaireurs timides ont même tenté une vague reconnaissance, et ils ont même senti le besoin sinon de légitimer du moins d'excuser leur ingérence. Ils avaient déjà découvert dans le " bloc " de la révolution un précieux métal : la Justice et l'Humanité. Ils ont suivi ce filon extraordinaire et ils tremblent encore à la seule idée d'en perdre la trace. Ils n'ont donc point entendu ce dilemme tombé pourtant de la tribune : Si nous avons conquis l'Algérie dans l'intérêt de ces « pauvres » Arabes, la Justice et l'Humanité nous commandent de rentrer chez nous avec armes et bagages, parce que nous exerçons tout simplement le droit du plus fort. Si nous avouons au contraire que nous avons agi pour notre propre compte, pourquoi donc accabler nos nationaux et n'avoir d'yeux que pour ces vaincus qui frémissent encore sous le joug.

L'erreur fondamentale de nos gouvernants a été de considérer l'Algérie comme un prolongement de la France, comme un département français. Les avertissements ne leur ont pourtant point manqué. M. Samary, le député d'Alger, le disait encore à la Tribune : « Au lieu d'établir un « régime économique spécial, ce qui eut ménagé les forces naissantes de « la Colonie, on a maladroitement et brutalement assimilé l'Algérie trop « jeune à la France beaucoup plus vieille ». Du contact des populations européennes et islamistes, de la fusion des races, des habitudes et des croyances, naîtra seulement une civilisation particulière, intermédiaire entre celle de la Métropole et celle des Etats barbaresques voisins.

Il est dur pour les dirigeants de renoncer aux errements antérieurs et de penser que ces lois qu'ils considèrent comme la raison écrite, comme la quintessence de la sagesse humaine ne sont point applicables en un pays soumis à leur autorité.

Il est dur surtout pour un gouvernement républicain d'être contraint d'avouer qu'il y avait en somme un fondement de vérité dans le projet de royaume arabe rêvé par le Second Empire. Après tout, ce rêve, peut-être chimérique, aurait eu du moins le grand avantage de ne point euro-péaniser l'Arabe qui y aurait trop perdu.

Mais voici qu'on a découvert un nouveau système, pompeusement appelé : le système de l'islamisation du droit français. C'est d'une sim-plicité merveilleuse : puisque l'Arabe ne veut pas venir à nous, allons à l'Arabe. Mahomet n'est-il pas allé à la Montagne ? puisque le Musulman ne veut pas franciser sa loi, islamisons la nôtre. Ecoutez Sawas-Pacha, ancien ministre des affaires étrangères de Turquie (Etude sur la théorie du droit musulman) :

« Islamiser veut dire rendre une disposition légale conforme à la vérité
« juridique de l'Islam, en démontrant d'une part qu'elle n'est pas con-
« traire aux principes fondamentaux du droit musulman, et de l'autre
« que son introduction dans le Code est réclamée par le besoin des
« temps.... Islamiser signifie donc, rendre islamiquement acceptable
« une loi, un règlement, une institution, par des procédés islamiquement
« corrects ».

N'êtes-vous pas fixé, écoutez M. Bouillié :

« Le sens du mot islamiser étant exactement établi, il nous faut en
« outre déterminer nettement le but de l'islamisation afin de faire cesser
« l'équivoque que cette expression a fait naître dans certains esprits
« dont les idées étaient contraires à la thèse que nous soutenons. Prenant
« au pied de la lettre les mots islamisation du droit français, ces personnes
« déclarent qu'on veut rabaisser le droit français au niveau d'une légis-
« lation inférieure, et que ce procédé, au lieu d'élever les indigènes
« jusqu'à nous, nous fera descendre jusqu'à eux. C'est mal comprendre
« le but poursuivi. Islamiser le droit ne veut pas dire l'abaisser au
« niveau d'une législation moins perfectionnée ; cela veut dire : étendre
« et perfectionner le droit musulman en y introduisant toutes les amé-
« liorations qu'on pourra puiser dans les codes les mieux faits de l'Eu-
« rope, en les rendant par les procédés de la méthode islamique, non
« seulement acceptables, mais aussi obligatoires pour la conscience
« musulmane ; c'est donc le triomphe des idées et de la civilisation

« française dont la plus parfaite expression est le droit qu'on veut
« obtenir par l'islamisation de nos codes ».

L'exposé est très long, très complet. La théorie est très bien construite.
Malheureusement, comme tous les systèmes, elle est purement spécu-
lative. Pour admettre que sa réalisation soit possible, il faudrait d'abord
prouver que le droit musulman est perfectible.

Or, sur ce point les avis sont assez partagés pour qu'il soit permis de
considérer que ce problème n'a pas encore reçu de solution. A l'appui de
leur opinion, les partisans de la perfectibilité du droit musulman
rappellent les procédés employés par le Sultan Mahmoud pour l'établis-
sement des quarantaines sanitaires.

Ces procédés étant assez compliqués, il est préférable de se référer au
livre de Sawas-Pacha.

L'opinion contraire répond à ce faible argument dans les termes
suivants que nous empruntons à M. Zeys *(Traité de droit musulman)* :

« Notre droit est purement humain, les sources en sont humaines ; il
« est l'œuvre perfectible des hommes et ne s'applique qu'aux conflits
« matériels des hommes. Le droit musulman, au contraire, procède
« d'une révélation, d'où cette conséquence qu'il n'est susceptible d'aucun
« perfectionnement ; il est condamné à l'immobilité parce qu'il a atteint
« aux yeux des fidèles sa complète perfection le jour où il a été promulgué. »

Il est clair que c'est le second système qui a raison ; d'abord parce que
s'il est vrai que Mahomet dise : « Il y a des versets immuables et d'autres
qui sont métaphoriques », il n'est pas moins vrai qu'il soit impossible de
distinguer entre les versets, ceux qui sont immuables et ceux qui ne le
sont pas. Où prendra-t-on le critérium ?

D'un autre côté, le Prophète ne permet de recourir à l' « Effort législatif », pour parler le langage des partisans du premier système, que
lorsque le Coran ne contient pas de dispositions applicables aux cas dont
il s'agit. Voilà donc qu'il est impossible de perfectionner les matières
prévues par le Saint Livre, c'est-à-dire le statut réel mobilier, les modes
de disposition en général, les successions et les obligations. Or ces
matières forment les trois quarts de notre code civil.

Enfin, comment rendre islamiquement acceptables les matières qui
ne sont pas prévues par le Prophète ? C'est l'arbitraire, c'est l'utopie. On
parle de commissions européennes, de commissions indigènes, de commissions mixtes, puis de sous-commissions européennes, etc., etc.......

Dieu nous préserve de tant de maux !

Comment veut-on que tous ces gens-là s'entendent, lorsque des juris-consultes européens, ayant les mêmes préjugés, les mêmes croyances, des lois à peu près identiques, une civilisation égale, n'ont pas pu arriver à former une législation internationale à peu près sensée, dans une matière toute contingente et aussi peu compliquée que celle du contrat de transport.

Qu'est-ce qu'une loi, en dehors de toute subtilité philosophique ? C'est la consécration d'un usage, d'une coutume que le temps a généralisée. Qu'est-ce que porter une loi ? C'est donner l'investiture, le caractère obligatoire, la sanction à un usage, à une coutume généralement admise par des hommes vivant dans un même temps et dans un même lieu, et répondant à des besoins communs.

Les lois reflètent donc les mœurs et les préjugés d'une peuple. Vous ne pourrez par conséquent islamiser le droit français, que lorsque vous aurez façonné l'esprit du musulman à l'image du vôtre, lorsque vous lui aurez fait partager vos façons de sentir, de comprendre et de voir. C'est à cette condition que l'Indigène pourra, quand vous l'aurez rendue dans les formes voulues, considérer comme obligatoire la loi que vous lui proposerez.

Vous agissez au rebours. Vous commencez par où vous devriez rationnellement finir.

Allez donc faire admettre à l'Arabe qu'il doit considérer comme ses égaux tous les Juifs milliardaires qui tiennent en France le haut du pavé ? Allez donc lui faire entendre qu'il devra s'incliner devant ces lois empreintes du plus pur esprit hébraïque ! Si vous réussissez à rendre islamiquement acceptable cette idée, et à faire voter par une commission d'indigènes orthodoxes cet immortel principe que l'Arabe et le Juif sont égaux devant la loi, nous tiendrons immédiatement votre système pour la quintessence de la raison humaine.

Il faut le reconnaître, en dépit des assimilateurs ou des partisans de l'islamisation, le peuple arabe n'est pas civilisable dans le sens que nous attribuons aujourd'hui à ce mot. Il a donné déjà, à une époque assez récente, tout l'effort dont il était capable, et du VIIIe au XVe siècles il a laissé bien loin en arrière les nations qui se prétendent en progrès aujourd'hui. L'Asie, l'Afrique, l'Europe qu'il a conquises par ses armes à ses mœurs et à son Dieu, ont connu les bienfaits d'une civilisation supérieure ; les sciences, les lettres, les arts, qu'il a cultivés jalousement, sont avec lui sortis de la gangue qui les enveloppait. Mais ce peuple a passé l'âge adulte et il décroit, il court à la décrépitude et tourne à la caducité. Dans cette période d'affaiblissement graduel jusqu'à la mort, il vit sous l'empire de ces lois naguère parfaites qui marquèrent l'apogée de sa puissance. Ces lois lui suffisent, car elles sont l'ultime effort de sa raison, et le voici qui s'engourdit lentement, dans la stricte observation de ce Qui est écrit, et l'acceptation stoïque de Ce qui arrive.

La Turquie, le Maroc, l'Egypte agonisent, et le " cheik ul islam " n'existe encore que pour une raison d'équilibre européen qui pousse les grandes puissances à reculer le plus possible la solution de la Question d'Orient.

Peut-être n'est-il point impossible de féconder l'Arabe, de le régénérer, de le renouveler. Rome et le monde latin, anéantis par le temps, les invasions, la civilisation, ont traversé une phase identique. Aujourd'hui cependant ils tiennent encore un rang dans le monde et semblent être dans la plénitude de la vie. C'est que la Rome antique et les pays latins ont puisé dans l'élément étranger le principe de vie qui était mort en eux, c'est qu'ils ont subi, vieux et usés, le contact ardent et fécond des peuples jeunes et que de cette étreinte est sortie une race nouvelle aujourd'hui en pleine maturité.

II

« Chaque nation a son terme. Quand
« leur terme est arrivé, les hommes ne
« sauraient ni l'avancer ni le reculer. »
(Coran VII, 32. Traduction Kasimirski.)

Le Coran n'est pas, comme on l'a prétendu, l'obstacle qui se dresse infranchissable devant la civilisation. Tout au contraire, sa connaissance approfondie par les disciples du Prophète serait d'un grand secours dans la subordination du peuple vaincu. Aussi les quelques indigènes lettrés et versés dans l'étude du Saint Livre, entretiennent-ils les sentiments d'une haine qu'aucune sourate ne révèle, afin de garder leur prestige et leur autorité. Ils peuvent d'autant plus facilement attiser cette haine que la langue régulière, la langue du texte est moins connue. Les massacres d'Arménie, l'agitation qui trouble encore la Crète n'ont point d'autre cause. Cela nous paraît extraordinaire, depuis que, paraît-il, nous sommes devenus tolérants ; nous n'empêcherons pas pourtant la majorité des Turcs ignorants de croire que cette guerre sans pitié est une guerre Sainte et le Sultan, qui se gaudit depuis si longtemps de l'Europe, de leur donner en secret son approbation.

Nous devrions être fixés car les Zaouïas présentent le même danger.

Nous sommes mauvais juges en matière de fanatisme depuis que nous avons proscrit Dieu ; cependant le meilleur terrain d'entente avec les Musulmans, eût encore été le terrain religieux. C'est là ce qui peut paraître invraisemblable, parce que notre évolution n'ayant pas été identique, les lois canoniques n'ont jamais régné en maîtresses sur les pays latins.

Mais comme l'homme doit toujours conserver le fanatisme de quelque chose, nous avons celui de la Persécution et de l'Antireligion.

Pour le Musulman, au contraire, " la société est fille de la religion ", en dehors de laquelle il n'y a pas de salut. Le problème social, notre unique souci, n'est que l'une des faces du problème religieux ; la loi civile n'est qu'un chapitre de la loi religieuse.

Ce qui est extraordinaire, c'est que l'on considère que les Musulmans soient privés de ce que nous appelons " la lumière ". Ils se sont, au contraire, trouvés si peu éclairés que certains, parmi les rares d'entre ceux qui avaient été initiés à notre civilisation, y ont renoncé tout à coup. Tout récemment atteint par la limite d'âge, un colonel algérien n'a abandonné l'uniforme que pour reprendre ses habitudes de grande tente.

Le trait d'union entre les peuples est la religion, la religion comprise et loyalement pratiquée. Au lieu d'apprendre aux Arabes les bienfaits de la Révolution, au lieu de créer des écoles arabes-françaises confiées à des maîtres français, souvent pédagogues, confions l'enseignement des Arabes à des Arabes qui leur expliqueront le Coran. Les essais de " laïque obligatoire " tentés en Algérie, ont piteusement échoué, et les écoles n'ont été peuplées que dans les grandes occasions, lors des visites parlementaires, et par de jeunes Arabes loués pour la circonstance.

Sous notre surveillance, ouvrons donc des écoles arabes. Exigeons des maîtres musulmans les garanties désirables, et répandons surtout la connaissance de la loi du prophète. La haine qui nous poursuit partout s'apaisera vite faute d'aliment. Sachant que nous respectons leur Dieu, qui est le nôtre, les Arabes nous respecteront, et l'estime amenant vite l'affection, nous ferons en dix ans plus de progrès que nous n'en avons pu faire en soixante.

Le prophète ne s'écrie-t-il pas :

« Oh ! si les hommes des Ecritures avaient la foi et la crainte du Sei-
« gneur, nous effacerions leurs péchés, nous les introduirions dans les
« Jardins de Délices. S'ils observaient le Pentateuque et l'Evangile, et
« les livres que le Seigneur leur a envoyés, ils jouiraient des biens qui
« se trouvent au-dessus de leurs têtes et sous leurs pas. Il en est parmi
« eux qui agissent avec droiture, mais le plus grand nombre, oh ! que
« leurs actions sont détestables. »

Nos prêtres n'ont jamais eu à se plaindre des Musulmans, et tout au contraire, il y a quelque temps à peine, des Arabes de toutes conditions suivaient spontanément et respectueusement, la pompe funéraire du Primat d'Afrique qu'ils appelaient le grand Marabout.

Le système n'est d'ailleurs pas nouveau. Les Romains, qui furent colonisateurs, ouvraient les portes de leurs temples aux divinités des peuples qu'ils avaient asservis.

Ecoutez Ortolan :

« Une ville est-elle détruite, le général romain conjure ses divinités
« tutélaires, de l'abandonner, de venir à Rome. On leur donne des

« autels et un culte. Scipion ne manqua pas d'adresser cette prière aux
« dieux de Carthage. »

Macrob nous a conservé la forme sous laquelle elle dut être faite :

« S'il est un Dieu, une Déesse qui protège les Carthaginois et leur cité,
« et toi Dieu grand qui a pris sous ta tutelle cette ville et son peuple !
« je vous prie, je vous conjure, je vous supplie d'abandonner et le peuple
« et la cité, de quitter leurs demeures, leurs temples, leurs choses
« sacrées, leur ville ; de vous retirer d'eux, de jeter parmi eux l'épouvan-
« te, la terreur, l'oubli : Venez à Rome avec moi et les miens ; choisissez
« nos demeures, nos temples, nos choses sacrées, notre ville ; présidez au
« peuple romain, à mes soldats et à moi ! Donnez-nous le savoir et l'in-
« telligence. Si vous cédez à mes prières, je fais vœu de vous offrir des
« temples et des jeux. »

N'allons pas aussi loin toutefois et ne restons point en prière sur les
nattes multicolores de l'Orient. N'apostasions point pour l'Arabe. Écoutons Aristote, gardons un juste milieu, et si nous ne détruisons pas
Carthage, que les vaincus ne s'imposent point aux vainqueurs.

N'évangélisons pas l'Arabe, car nous manquerions sournoisement
à la capitulation d'Alger du 5 juillet 1830, qui porte que l'exercice de
la religion mahométane sera libre.

Réussirions-nous ? L'Espagne a pendant de longs siècles été soumise
au Maure, et cette juxtaposition brutale des descendants de Sem et des
fils de Japhet n'a produit aucun résultat appréciable au point de vue
religieux. Tout au contraire, les deux religions sont sorties vivifiées de
l'épreuve, et le Christianisme est demeuré intact jusqu'au jour où Boab-
dil a été rejeté de l'autre côté du détroit.

Que pourrions-nous d'ailleurs offrir à l'indigène en échange du
Saint Livre ?

Une poignée de Ploutocrates cosmopolites et parasites ont par la force
de l'or imposé leur autorité à une majorité de Français laborieux et pauvres. Ils ont compris, avec une merveilleuse intuition, qu'ils bâtiraient
sur le sable tant qu'ils n'auraient pas renversé le vaste édifice qui pendant quatorze siècles avait fait la France grande et prospère, tant
qu'ils n'auraient pas anéanti le Catholicisme. Ils ont dénoué ce lien
religieux qui unissait la France entière et qui pouvait être à l'heure du
réveil comme le fil mystérieux du labyrinthe.

Des circonstances incroyables ont favorisé leur entreprise, et pour
régner, ils ont divisé, morcelé, désagrégé. La tâche était lourde, mais les

moyens ont été puissants. Pour supprimer la fonction ne suffit-il pas de supprimer l'organe ? Pour éteindre le feu sacré, n'avait-on point égorgé les vestales ? Pour arracher de trente-huit millions d'âmes une foi séculaire on a attaqué, amoindri les apôtres. Le cléricalisme voilà l'ennemi, et comme le cléricalisme c'est l'Eglise et que l'Eglise c'est Dieu, on a bravement entonné le chant de guerre.

Nous en connaissions le leitmotiv, et : « Nous en avions gardé le touchant souvenir. »

Mais tel est le prestige de cette musique républicaine que les plus légères variations suffisent à la rajeunir. La déesse Raison, l'Etre Suprême, le Cléricalisme et l'Esprit nouveau, voilà le cycle complet !

C'est ce que Drumont explique parfaitement lorsqu'il dit, à propos de Lavisse :

« C'est un disciple du Juif Gudroye qui remaniait les fables de La
« Fontaine à l'usage des écoles laïques, et qui, à ces vers trop cléricaux :

> « Petit poisson deviendra grand
> « Pourvu que Dieu lui prête vie

« substituait ceux-ci :

> « Petit poisson deviendra grand
> « Pourvu qu'on lui laisse la vie.

« Dans les premières éditions de son histoire de France, continue le
« sociologue, Lavisse avait écrit à propos de Napoléon :

« L'orgueil a fini par le perdre ; il a été l'artisan de sa propre ruine et,
« après tant de victoires et de conquêtes il a laissé la France plus petite
« qu'il ne l'avait trouvée, montrant ainsi qu'une nation commet une
« irréparable faute, quand elle s'abandonne à un homme, alors même
« que cet homme a reçu de Dieu le don du génie.

« A partir de la vingt-quatrième édition, Lavisse a bien conservé la
« phrase, mais il a biffé Dieu. Il a mis simplement : « Lorsqu'un homme
« a reçu le don du génie. »

Ce que Drumont aurait peut-être pu ajouter, c'est que cette phrase ainsi remaniée est une pure merveille et qu'elle reste comme l'archétype du programme, de la profession de foi d'un candidat à l'habit vert sous la troisième République. La part de chacun se trouve très équitablement faite : Dieu, le Clergé, les Monarchistes, les Bonapartistes, voire même les Républicains, n'ont qu'à se baisser pour la prendre.

Il fallait agir vite. La laïcisation des écoles et des hôpitaux, l'article 7, la Conscription des Séminaristes, le droit d'Accroissement, ont été comme autant de bombes redoutables que l'on a lancées sur l'Édifice.....

Il y a longtemps, très longtemps, le sang des martyrs engendrait des héros. Mais nous sommes en progrès aujourd'hui, et comme il faut être de son temps, les Princes de l'Église sont du leur. Les *défensores civitatis* ne défendent plus rien du tout.... Ils interdisent la résistance et passent à l'ennemi avec des armes pour revenir avec des bagages.

« Jamais, dit Drumont, la situation des Evêques n'a été comparable à
« celle qu'ils ont aujourd'hui. Le Fonctionnarisme semble couronné et
« béatifié en leur personne, c'est le Fonctionnarisme sacré. Ce préfet en
« robe violette n'a aucune des inquiétudes du préfet civil, il est inamo-
« vible, et... à la condition qu'il soit docile, qu'il réprime chez ses prêtres
« toute velléité d'indépendance, le Gouvernement le laisse absolument
« tout faire. »

Pour trente deniers Judas avait vendu Jésus-Christ, mais comme l'argent a diminué de valeur on traiterait maintenant pour un lambeau de pourpre, pour une aumône, *nummo uno*. La couronne des martyrs qui parait l'Église a fleuri ; on ne meurt plus pour une Foi, pour un Idéal, pour un Principe ; on vit de tout cela et le *struggle for life* a des nécessités ; il a transformé tous ces timorés en courtisans de Bas-Empire, et en lèche-pieds flagorneurs.

Le Catholicisme en est fatalement amoindri. Lorsqu'une loi supérieure qui ne doit pas être un assemblage disparate de préceptes entre lesquels les hommes puissent choisir au gré de leur conscience, ne courbe plus les fronts sans murmure, lorsqu'elle ne guide plus, elle suit, et les hommes, traînant ainsi à la remorque leur religion, n'ont plus qu'une croyance d'amateur, une croyance de dilettante. Ce dilettantisme religieux, qui est un des caractères de notre siècle, a porté un coup terrible à l'humanité. L'Evangile a été le bélier dont il s'est armé pour ébranler, jusque dans ses fondements, l'édifice du catholicisme.

Ces raisonnements exclusifs de raison ont abouti aux plus funestes conséquences. Le corps social entier souffre des aberrations quatre-vingt-neuvistes. On l'a dit excellemment : « Nous avons interrompu la vieille chanson qui berçait la misère humaine », et la misère humaine aveuglée, privée de consolations dans le présent comme dans l'avenir, réclame sa part de pain et la consécration de son droit à la vie.

Un nouveau dieu s'est révélé. Thamus a poussé son cri : « Pan est mort! » Mammon s'est dressé avec ses adorateurs et ses icones, et tandis que les choses seules ont des larmes, qu'on entend :

« les airs gémir, pleurer des voix »,

les orgies et les priapées commencent, et les scènes de Bas-Empire se fixent avec une horréfiante splendeur. L'évolution se précipite en cette fin de régime et voici confondues la Fable et l'Histoire :

« Procax libertas, civitates miscuit
« Frenumque solvit pristinum licentia. »

La toile gigantesque se déroule avec rapidité. Voici Babylone, Alexandrie, Bysance puis Rome. Théodora n'est pas encore sur le trône, mais les Blancs et les Rouges, les Vénéti et les Prazini se sont reconciliés autour d'elle. Ils ont abandonné le cirque et se sont groupés pour la déifier. Ils lui ont donné pour piédestal cet " Embolum " qu'elle avait habité si longtemps.

Bérénice a quitté les bords du Nil, elle a même franchi les colonnes d'Hercule. Elle a toujours des sens, mais, comme elle a changé de goût, elle a abandonné Phidias pour Orphée.

Néron s'est humanisé. Il avait été couronné en Achaïe : " *Sed excursus curru, ac rursus repositus*, dit Suétone, *quam perdurare non posset, destitit ante decursum ; neque co secius, coronatus est* ". Aujourd'hui on le refuse pourtant au cercle, mais il se venge en faisant fusiller par ses esclaves ceux des chrétiens qui ne lui ont pas servi de torchères.

Pollion n'a plus de murènes, mais il est resté grand seigneur. Le clou de ses réunions, c'est le spectacle de l'accouplement de chiens en folie.

Mais le " *Mané, thécel, pharès* " flamboie, la bombe a sillonné l'air, le peuple s'est lassé des jeux, le peuple veut du pain.

Et voilà ce que nous offrons à l'Arabe. Il vaut mieux, dans ces conditions, lui laisser cette religion qui est sa loi. Sa conversion, si elle était possible, le conduirait fatalement à l'irréligion, car après l'avoir christianisé nous ne tarderions pas à le laïciser comme nous avons laïcisé tout en France.

D'ailleurs il n'y a point incompatibilité entre le Christianisme et l'Islamisme. Ces deux religions peuvent vivre côte à côte ; elles sont sœurs, elles sont issues toutes deux de la loi mosaïque.

Le Musulman admet les Prophètes et l'Ancien Testament. Le Coran ne dit-il pas :

« Nous t'avons donné la révélation comme nous l'avons donnée à Noé « et aux Prophètes qui ont vécu après lui. Nous l'avons donnée à Abra-

« ham, à Ismaël, à Isaac, à Jacob, aux douze tribus, à Job, à Jonas, à
« Aaron à Salamon et nous avons donné les psaumes à David », et plus
loin : « — Je ne suis pas le seul apôtre qui ait existé. »

Jésus-Christ est aussi un prophète. Il est né pur d'une femme vierge ; il a souffert pour les hommes, et son Evangile est la divine parole :

« Il vous est venu avant moi, continue le Saint Livre, des Prophètes
« qui ont fait des miracles. Un jour les anges dirent à Marie : Dieu
« t'annonce son Verbe. Il se nommera le Messie, Jésus, fils de Ma-
« rie, illustre dans ce monde et dans l'autre, et un des familiers
« de Dieu. — Seigneur, répondit Marie, comment aurais-je un fils ?
« Aucun homme ne m'a touchée. C'est ainsi, reprit l'ange, que Dieu
« crée ce qu'il veut. Il dit : Sois ; il est — Je viens vers vous (Jésus),
« accompagné des signes du Seigneur.

Le Messie avait le don des miracles : « Je formerai de boue la figure
« d'un oiseau, je soufflerai sur lui et, par la permission de Dieu, l'oiseau
« sera vivant. Je guérirai l'aveugle de naissance et le lépreux. »

Le Musulman admet donc la guérison des malades et la résurrection
de Lazare. Si Mahomet n'avait pas le don des miracles, c'est qu'il n'en
avait pas besoin pour que les peuples croient en lui. Il a porté la même
parole que Jésus. Il est écrit :

« S'ils te traitent d'imposteur, les apôtres envoyés avant toi ont été
« traités de même, bien qu'ils eussent opéré des miracles et apporté
« les psaumes et le livre qui éclaire ; (l'Evangile). »

Mais le Christ n'était qu'un prophète et non point le fils de Dieu.

Ils (les chrétiens) ont pris leurs docteurs et leurs moines et le Mes-
« sie, fils de Marie, plutôt que Dieu pour leurs seigneurs, et cepen-
« dant il ne leur a été ordonné que d'adorer un seul Dieu hormis
« lequel il n'y a point d'autre Dieu. »

Mahomet, plus de six cents après " le fils de Marie ", est venu évan-
géliser un autre peuple, car Dieu s'est révélé aux hommes selon des
hommes différents :

« Il n'y a pas une seule nation où il n'y ait jamais eu d'apôtre — Ma-
« homet n'est qu'un envoyé ; d'autres l'ont précédé. S'il mourait ou s'il
« était tué, retourneriez-vous en arrière ? Celui qui retournerait en ar-
« rière ne saurait nuire à Dieu, et Dieu récompense ceux qui lui rendent
« des actions de grâce. »

Et plus loin :

« Je suis un homme comme vous, mais j'ai reçu la révélation qu'il
« n'y a qu'un Dieu. — Je suis un apôtre chargé de vous exhorter. »

Et enfin :

« Dis-leur : Je ne vous dis pas que je possède des trésors de Dieu, car
« je connais les choses cachées. Je ne vous dis pas que je suis un ange;
« je ne fais que suivre ce qui m'a été révélé. Dis-leur : l'aveugle et
« celui qui voit est-ce la même chose ? N'y réfléchirez-vous pas ? »

Le clergé Musulman n'ignore pas cela, et l'un des hauts dignitai-
res de l'une des mosquées d'Alger déclarait : que notre tort est de
ne pas voir la suite logique des manifestations divines. Tout s'en-
chaine et s'explique dans l'histoire religieuse, car les religions ne sont que
les effets d'une même cause qui est en Dieu. Il n'y a qu'une religion comme il n'y a qu'une humanité. Si dans la pratique et dans les apparences
il peut y avoir antagonisme, c'est que les peuples n'entendent point au
même degré. Tous parlent et tous ne se comprennent pas pourtant, et la
vérité est comme une mer immense qui prend l'empreinte des bords
qu'elle baigne.

Interrogez un prêtre de la Nouvelle Église d'Afrique, il vous répondra
certainement que l'Evangélisation de nos sujets est à peu près impossible,
et que les conversions obtenues jusqu'ici ont donné des résultats plutôt
douteux. Le Cardinal Lavigerie, dont Napoléon eût fait un ministre, avait
renoncé, au moins en fait, à cette entreprise. — Les villages de St-Cy-
prien et de Ste-Monique créés pour les Arabes chrétiens, recueillis à la
suite de la terrible famine d'il y a quelque trente ans, ne sont point ha-
bités par une majorité de Colons laborieux et travailleurs. Les femmes
ont été surtout rebelles. Beaucoup d'entre elles ont déserté les asiles où
cependant la vie était pour elles large et simple. Elles se sont mises en
condition ; elles ont même peuplé les maisons hospitalières des villes de
la côte. Sont-elles vicieuses par nature, et les Arabes, leurs seigneurs et
maîtres, ont-ils tort de ne les considérer que comme des objets de luxe
et des instruments de luxure ?

L'atavisme du harem a résisté aux meilleurs soins. N'avait-il pas d'ailleurs lutté avec succès contre le Coran lui-même ? Mahomet avait fait
une part à la femme dans le Saint Livre, en souvenir de l'influence heu-
reuse de Fathma. Il avait tenté d'adoucir sa triste condition : « Respectez
les entrailles qui vous ont portés ». Cependant la femme indigène est
restée dans sa servitude séculaire. Les efforts pour rehausser son niveau
social et intellectuel demeurent stériles ; elle a conservé ses primitives
habitudes et son antique résignation.

Nous n'aurions donc pas à nous inquiéter des agissements des Méthodistes, si ces Méthodistes n'étaient anglais. Or la religion d'Albion n'est qu'un prospectus, une réclame destinée à faciliter la vente de ses produits ; c'est le pavillon dont elle couvre sa marchandise. Il y a là un sérieux danger. L'Anglais vend de la poudre et fabrique d'excellents fusils, et l'Arabe aime tant faire parler la poudre !...

Plus que jamais l'Angleterre est notre terrible ennemie.

Rappelez-vous Saint-Auban :

« Lis nos annales : tu trouveras l'Angleterre embusquée comme un
« bandit à chaque détour de notre histoire, nous épiant, nous guettant,
« roulant dans son cerveau des pensées de rapt et de mort.... l'Egypte
« escroquée, Madagascar soulevée par le prêche anglican, nos meilleurs
« amiraux salis par la calomnie.... A tout candidat qui frappe, le peuple
« devrait demander : Que t'inspire l'Angleterre ?.... De la défiance ?....
« Entre. De l'Amour ?... Passe ton chemin »

Vous n'avez pas oublié la mort glorieuse de Morès, assassiné par les ordres de l'Angleterre. Elle tient, par la Tripolitaine, la plus grande partie du commerce du désert et les Arbib qu'elle a placés tout près de nous ont une puissance considérable. Il existe cependant des traités déterminant notre zone d'influence,.... mais nos ministres ont bien d'autres soucis. Quand ils ne se demandent pas, comme dit Gyp, si ce sont eux qui sont étrangers aux affaires, ou si ce sont les affaires qui leur sont étrangères, ils rêvent, après avoir interwievé l'âme de Richelieu, de faire partie de ces Académies qu'ils ne peuvent plus fonder. Nous sommes officiellement avertis du danger et même en le signalant M.Saint-Germain a fait preuve d'une certaine crânerie, car il n'ignorait pas qu'il allait chagriner Ribot....

Le musulman restera musulman, le chrétien restera chrétien, et les deux peuples vivront côte à côte.

M. Cambon a bien de l'esprit ! Dans la conjoncture où il se trouvait placé, il n'a pris parti pour aucun des systèmes qui divisent ses amis et ses ennemis. — Faut-il assimiler ? faut-il refouler ? faut-il islamiser ? Ses adversaires en déduisent, naturellement, qu'il n'a pas d'opinion. Nous croyons qu'il en a une, mais qu'il ne l'a pas exprimée parce qu'il a pensé qu'il serait impossible de parler raison à des insensés.

Voilà la vérité. On la reconnaît à peine, car à tous instants on a choqué l'Arabe, on a heurté sa religion que l'on devait respecter. Les administrateurs ont contesté la validité de l'engagement et les jurisconsultes argutient encore à son occasion. Il n'en demeure par moins, que la parole ayant été donnée par le général de Bourmont, elle doit être tenue pour un acte législatif parfait. Or, en astreignant les indigènes au serment, en leur appliquant la loi pénale qui nous régit, en les gouvernant à l'aide de lois inspirées des nôtres, nous violons cette foi jurée qui est d'autant plus respectable, qu'elle est destinée à n'avoir point de sanction.

Pour moraliser un peuple, il n'est point indispensable de faire table rase de tout ce qui est ce peuple et de construire sur les ruines un édifice branlant, selon les plans conçus et exécutés sur le terrain voisin. Le grand tort, qui est aussi la grande tendance, est de penser que, hors de soi, il n'y a plus que décadence ou infériorité. Nous oublions trop souvent que ce qui suffit à une nation est sans utilité pour une autre ; que chaque peuple porte en soi les moyens d'atteindre au but final qui lui est assigné. Si les voies sont différentes, si le but est plus éloigné de cet idéal que nous appelons le progrès, si les peuples nous paraissent avancés ou reculés, cela tient à des causes naturelles, à des causes normales. Il y a inégalité entre les peuples comme entre les individus, et cette inégalité existe dans le temps, comme aussi dans le lieu et dans l'action. Tous aident à la marche de chacun, mais aucun ne peut activer ou retarder cette marche à son gré. Les lois qui régissent l'Europe ne sont point celles auxquelles obéit l'Asie, et ne peuvent l'être, car, selon une remarque devenue banale, les conditions géographiques et climatériques d'un pays influent sur sa vie physique et sur son intellectualité.

Renonçons à faire un Européen de l'Arabe ; bornons-nous à faciliter son évolution, et laissons vivre côte à côte le Musulman et le Colon ; la vie commune, les besoins identiques les transformeront peut-être l'un et l'autre ; du peuple adulte et du peuple usé pourra sortir un peuple plus jeune qui s'inspirera d'autant plus de nous que notre influence l'aura plus aidé à naître.

III

Il est de règle de se refuser à admirer tout ce qui n'est pas un produit du régime parlementaire organisé par la République Septembrale. A peine consent-on à ne point répudier les éclairs républicains de 1789 et de 1848, sans lesquels, après tout, le régime actuel n'aurait point vu le jour. On ramène tout à la politique de ces vingt-cinq dernières années, qui n'a guère eu d'autre mérite que celui de récolter ce que les régimes précédents avaient semé, que d'enregistrer certaines conséquences de l'évolution populaire depuis plusieurs siècles. Car nous n'avons rien inventé depuis 1875. Nos principes actuels sont encore ceux de la Révolution, et nous n'avons trouvé rien de mieux, pour expliquer cet arrêt de notre initiative, que de proclamer immortels les principes centenaires.

Malheureusement, nous n'avons plus, à nos erreurs et à nos fautes l'excuse qu'avaient nos ancêtres : la fougue et le fol enthousiasme. Nous sommes trop rassis et trop froids pour n'être point responsables, pour ne pas porter le poids de nos actes. Aussi les arguments creux et les phrases sonores qui avaient prise sur la foule ignorante ne suffiront plus à nous justifier. Le peuple raisonne aujourd'hui et, comme le personnage de Dickens, il se rend compte que nos agissements dissimulent toujours quelque intérêt particulier. L'indifférence est contagieuse, et de sang froid, le peuple exigera bientôt d'autres preuves et analysera soigneusement le mobile de toutes nos actions.

Pour lutter contre cet état d'esprit gênant, nous avons fourbi nos armes, et nous avons créé le Sans-Patriotisme. Mais l'arme a trop servi, elle a perdu sa portée, et ses coups peuvent être évités. Nos électeurs pénètrent nos projets, nous demandent compte de nos votes, veulent connaitre le pourquoi des décisions prises. Lorsque, à la suite d'un de ces discours qui prouvent qu'il y a encore des rhéteurs en France, nos Chambres votent à l'unanimité les crédits nécessaires à de lointaines expéditions, le peuple se demande quels avantages il retirera de ces effusions de sang et de ces charges budgétaires. Le succès des armes ne l'émeut plus guère, car ce ne sont pas de ces combats qu'il rêve pour la glorification du drapeau. L'augmentation du territoire ne l'impressionne pas davantage, il la voit trop chèrement payée par les maladies que rapportent, des pays lointains, ceux de nos soldats qui n'y dorment point leur dernier sommeil.

Il doute du présent et de l'avenir en contemplant le passé, car il se souvient que des conquêtes dont on l'avait grisé, personne ne l'entretient plus ; il constate que les belles espérances dont on l'avait bercé se sont évanouies, et que les riches territoires qu'on lui avait promis ne lui ont été d'aucune utilité. Leur nom n'est même plus prononcé qu'à l'école, lorsque le maître étale aux yeux des enfants émerveillés la carte du territoire colonial de la France.

Que trouverons-nous donc pour nous justifier ?

Les théories de la période intermédiaire avaient certainement marqué un progrès dans la marche de l'esprit français ; mais, avides de nouveau, nous désirons autre chose, et les dernières trouvailles des politiciens ne nous suffisent plus.

Lorsque, loqueteuse et souillée, la plèbe courait, les pieds en sang et maculés, aux frontières, en agitant dans la mitraille un drapeau tricolore sur l'immense champ de bataille européen, ce n'était point pour reculer nos frontières et asservir les peuples à nos lois.

Les idées libertaires avaient grisé ces cerveaux trop promptement émancipés.

On voulait imposer le bonheur aux peuples asservis, les faire participer malgré eux au jour de gloire.

Mais là s'arrêtait cet idéal, réalisé dans l'horreur. On massacrait pour un principe et, le ventre ouvert, on râlait gaiement pour une idée. L'Europe avait frémi. Elle est rentrée dans sa torpeur séculaire, épuisée vite par l'effort même qu'elle avait tenté pour s'enthousiasmer. Il ne restera même pas de cette épopée le souvenir de bronze d'un d'Esparbès. Comme il arriva à Ascian, il porterait le stigmate des différents métaux qui l'eussent composé, il revêtirait des colorations différentes, il serait couvert de bavures.

Notre petit coin d'Occident est parvenu pourtant à la réalisation d'une fraternité mensongère.

L'élan formidable s'est heurté à l'implacable obstacle des races, des religions et des partis. Comme toujours, la haine élève entre les peuples des barrières plus infranchissables que les frontières, et si l'on ne réduit point le vaincu en esclavage, on lui impose des conditions pires.

L'hypocrisie des politiciens et des meneurs de foules a voulu accommoder la conscience des faibles aux procédés employés. Des théories nouvelles ont été imaginées pour justifier quand même les victoires remportées au loin : la répression de l'esclavage, la protection des faibles, la vengeance des nationaux maltraités, n'ont point été de médiocres arguments. Mensonges que tout cela ! Justifications machiavéliques !

On arbore un drapeau pour dissimuler une enseigne commerciale, et l'on envahit un pays pour protéger, contre de justes colères, un débitant d'alcool empoisonné, ou un marchand de viande humaine. Puis, pour coloniser ces terres lointaines, encore empuanties des cadavres des nôtres, on suspend çà et là, dans les villages désolés, aux coins des routes, des bouquets ou des bouchons indicateurs des cases dans lesquelles, au nom de l'Humanité, on ouvre aux naturels un compte à la craie sur le mur, entre le portrait du Président de la République et une affiche de la loi sur l'ivresse.

Puis, tandis que l'on se glorifie devant les masses des succès remportés; que l'on proclame que la civilisation a fait encore un pas immense, on serre précieusement les bank-notes réalisées à la faveur de coups de télégraphe habiles, tandis que les blessés agonisaient là-bas et que les morts gisaient sans tombeaux.

Et plus rien ! — Parfois un décret, une loi inopportune pour imposer les nouveaux sujets, ou interrompre les efforts de quelques nationaux expatriés, qui expient la lourde faute de leur exil volontaire.

Les possessions s'ajoutent aux possessions; on cite avec orgueil l'étendue du territoire colonial où l'on entretient à grands frais des troupes réduites à fomenter des révoltes pour garder l'ombre d'une raison d'être.

L'assertion n'est point gratuite ; la preuve convainquante en a été donnée par un militaire, le Maréchal Pélissier, alors gouverneur de l'Algérie :

— Maréchal, lui dit un jour un officier d'ordonnance, une révolte vient d'éclater, et.....

— Ah! Alors, décommandez.

— Mais, Maréchal, les Arabes.....

— Décommandez, vous dis-je.

Et il n'y eut point de révolte.

La situation est bien mauvaise au bilan colonial. Pourtant, que ne pourrait-on faire si une main d'ouvrier tirait profit des territoires déjà nôtres!

En posant le pied sur les pays d'outre-mer, soumis à nos armes, le Français ne doit point oublier qu'il a quitté la France, et que la vie pour lui devient nouvelle. Où le sol change, où le climat, les coutumes, les mœurs diffèrent, pourquoi l'homme seul demeurerait-il immuable? C'est une condition nécessaire que cette accommodation indispensable, que cette appropriation aux fonctions nouvelles. D'ailleurs ce travail naturel s'opère lui-même, à l'insu de celui qui en est l'objet. Mais cette évolution ne doit point être arrêtée par le pouvoir ignorant des dirigeants métropolitains.

Le danger de la centralisation excessive, qui soumet l'Afrique et nos possessions lointaines à l'ordre venu de Paris, s'accroit d'autant plus que nos territoires, pauvres de nationaux, sont riches d'étrangers rebelles à nos lois.

En Algérie, où les Italiens et les Espagnols, les Maltais et les Marocains, les Turcs et les Juifs, forment l'élément le plus important de la population, le même décret signé à Paris est applicable à tous. C'est là une erreur fondamentale. Devenu colon, le Français ne doit point oublier que des lois spéciales lui sont utiles, des lois qu'il peut porter seul, lorsqu'il a subi le contact des peuples avec lesquels il est appelé à vivre.

Un conseil supérieur de l'Algérie, siégeant dans le pays, et composé de colons directement élus par les colons, pourrait diriger la colonie dans la voie du progrès et nous reposer des systèmes stériles appliqués dans le passé comme dans le présent. L'idée, pour n'être point neuve, n'en est pas moins excellente. M. Forcioli vient de proposer un conseil colonial, recruté par l'élection et dans lequel une part plus ou moins importante serait faite aux indigènes. C'est l'application du principe que nous méconnaissons, en somme, de la représentation des majorités. Malheureusement, dans l'esprit de cet honorable député, ce conseil n'aurait guère d'autre but que de servir de contre-poids aux pouvoirs du gouverneur; que d'enrayer le système des pouvoirs forts qui vient d'être consacré par un vote de la Chambre, et dont l'application doit avoir pour première et fatale conséquence l'amoindrissement de l'influence de nos représentants parlementaires.

L'influence française doit se dépenser autrement. Son champ d'action demeurera bien vaste encore ; elle est assurée contre le chômage. Elle protégera l'ordre qui aura été ainsi établi, elle veillera à l'exécution des décisions désormais obligatoires de ces administrateurs éclairés. L'avenir du pays ne sera pas à tous moments compromis par les embarras politiques de la France et ne dépendra pas du caprice d'un ministre éphémère. Le gouverneur pouvant s'appuyer sur une organisation durable deviendra stable à son tour. Il suivra dès lors une ligne de conduite déterminée, il agira fermement, sans crainte des embûches qu'il rencontre actuellement à chaque pas.

Que de rouages inutiles seront alors supprimés ! Il ne sera plus besoin de fonctionnaires multiples, et le budget sera allégé d'autant. L'habitant, dont la sueur, les capitaux, le temps n'ont point été épargnés, ne dépendra plus d'un administrateur miniscule.

Le colon originaire, le Français venu de France a accepté ce joug de la Métropole en vertu d'habitudes acquises. Mais ses descendants, ses petits-fils, nés dans le pays n'ont plus de ces préjugés antiques, le besoin leur a dessillé les yeux. La dure vie sur le sol vierge, l'ardent *struggle for life* au milieu de populations dissemblables, mais unies par un commun intérêt, ont abattu cet orgueil de suivre aveuglément les pires volontés du pouvoir central. Ils ont constaté les fautes et reconnu que toutes les tentatives des théoriciens les avaient amoindris, qu'elles avaient soulevé des difficultés telles que la vie devenait pour eux de plus en plus pénible et qu'ils iraient fatalement à la banqueroute.

Cependant, les bonnes volontés n'ont point manqué. On a défriché de vastes territoires — concédés il est vrai — on a planté des hectares et des hectares de vignes, ensemencé des plaines entières ; puis, sans reprendre haleine, on a construit des caves ou des greniers, acheté des cheptels. A l'heure venue, on a soigneusement serré ce que les sauterelles avaient épargné, après la part du siroco.

Il a fallu des capitaux pour tout cela. On a emprunté alors, soit à des particuliers, sémites pour la plupart, soit à des établissements agricoles, mais toujours à un taux exorbitant. Puis, le moment venu de trouver un débouché, de vendre ces biens acquis si chèrement, pour remplir les obligations contractées et pour vivre, il a fallu garder par devers soi sa marchandise, ou la livrer à vil prix. L'issue normale a été la saisie et l'expropriation.

D'aucuns cependant, qui, possesseurs de capitaux, n'ont point connu dans cette période d'enfantement colonial l'hydre horrible de l'usure, ont dû alors se croiser les bras, en attendant un acheteur improbable.

Qu'a fait en tout ceci le Gouvernement, ce gouvernement qui entretient à grands frais des commissions destinées à se promener dans les champs de vignes pour un inutile contrôle ? Rien. Le Midi était reconstitué, il produisait en abondance, tant pis pour la surproduction !

Chose incroyable, les Métropolitains eux-mêmes ont éloigné nos produits des marchés français. On a officiellement décrié nos vins, consacré la concurrence déloyale inaugurée par certaine province du Midi. Même, un chimiste de la capitale a fait doctrinalement cette énorme déclaration, que les vins Algériens, trop riches en manite, présentaient un danger pour l'hygiène et la sécurité publiques.

Ces attaques semblent inoffensives, mais si l'on considère qu'il nous est impossible de nous défendre, il faut bien reconnaître qu'elles amèneront la ruine de notre commerce embryonnaire. Dans de telles conditions, peut-on ne point approuver le vœu récemment émis par une commune algérienne, de poursuivre comme diffamateur le directeur du laboratoire municipal, et de lui demander réparation du préjudice énorme qu'il cause à de nombreux Français, avec une légèreté odieuse.

Et il en est toujours ainsi, à peine si, dans les expositions annuelles du Palais de l'Industrie, on consent à abandonner aux colons un coin en une salle reculée, tandis que les concurrents continentaux disposent de places bien en vue et partant très avantageuses.

Privé de ce débouché normal, le colon a voulu tirer profit de ses richesses improductives, et il a distillé ses vins. Peine perdue ! Lorsque les établissements industriels ont été fondés, outillés, en train, un impôt sur l'alcool a vite été établi. Ne pouvant plus tenir tête à la concurrence, les fabriques ont dû congédier leurs ouvriers et mettre les volets. Il est vrai que si l'industrie locale était ruinée, la population s'accroissait du même coup de la nuée des rats-de-caves métropolitains. A quelque chose, malheur est bon !

Il semble que la France veuille éviter toute relation commerciale avec sa colonie. Elle n'utilise aucune de nos richesses. Nos métaux vont à l'étranger, malgré de lourds frais de transport ; nos pétroles, nos phosphates sont entre les mains de concessionnaires anglais ; nos alfas vont en Angleterre ; l'Italie exploite nos côtes, etc... Ce ne sont là que quelques exemples, entre mille, de notre génie colonisateur. A chaque pas, nous commettons des erreurs économiques effrayantes. Un pays neuf ne peut être traité comme nos vieilles provinces françaises. Il a besoin d'aide, de subventions jusqu'à l'adolescence, jusqu'à l'âge de la majorité. Encore, à ce moment, convient-il de ne le laisser faire que les actes d'administration, car il a besoin d'être surveillé, d'être tenu comme en une sorte de curatelle coloniale. Ce n'est qu'après cette période qu'on peut lui demander des sacrifices, les lui imposer même, car il est adulte, partant vigoureux et capable de supporter les charges.

Nous agissons tout au rebours ; nous imposons chaque jour l'Algérien, nous le " Métropolisons " à l'égal du citoyen français, tandis qu'il n'a point les avantages qui sont faits à ce dernier.

L'ancien grenier d'abondance de Rome n'est plus qu'une ruine dans laquelle nous portons tous les jours un coup de pioche nouveau.

IV

On a fondé des Ecoles coloniales, créé des chaires de législation colo-niale pour éduquer à grands frais les générations républicaines. On consacre les fins d'études par des diplômes sur la foi desquels le gouvernement case, en toute sécurité, ces types achevés du parfait administrateur. Bonne en soi, l'idée est détestable quant à son application. On forme des théoriciens selon de vastes programmes qu'enseignent des gens très érudits mais qui n'ont pas la moindre notion pratique des belles choses qu'ils professent. Aussi, lorsque jeunes et ardents ces administrateurs débarquent sur les territoires soumis à leur autorité, ils n'ont rien de plus pressé que de vouloir mettre à exécution les principes généralement faux dont ils sont imbus. Il en résulte un gâchis complet. Des mœurs, ils ne savent en effet que ce qu'ont écrit, dans le silence et la pénombre du cabinet, les savants officialisés par l'Institut ou l'Académie ; des coutumes, ils n'ont d'autres notions que ce qu'ont rapporté quelques voyageurs peu soucieux de vérité ; de la législation, ils ne connaissent que ce qu'ils ont appris de maîtres instruits eux-mêmes par ouï-dire.

Il est juste cependant de constater, contre cet état de choses, une tentative de réaction. On a créé à Paris, après bien des hésitations, une chaire de droit musulman ; cette institution pourra produire d'heureux résultats.

Nous l'acceptons, dans tous les cas, comme un gage de cette réaction. N'est-ce point une illusion ? et ne savons-nous pas, comme le Tasse, qu'infidèle à Dieu, l'homme est toujours prêt de l'être à l'homme ?

Nous nous arrêterons en si bonne voie, cela est certain, et nous répudierons les enseignements de l'Histoire.

Nos ancêtres nous ont légué un immense passé colonial, car il n'y a rien de nouveau sous le soleil. Les systèmes les plus récents, ceux que l'on préconise actuellement, ont tous été en faveur à leur tour, abandonnés et repris. Le bagage de ces efforts restés vains est considérable, et il est surprenant que nous n'ayons point assez d'éclectisme pour prendre dans le tas les choses excellentes qu'il renferme. Toute erreur porte en soi un germe de vérité qu'il faut savoir développer, et le lingot d'or ne se révèle qu'après de minutieux travaux pour le laver des impuretés.

A Rome, le colon avait un statut spécial, les colonies avaient une organisation différente de celle de la Cité. Les *Colonarii* n'étaient point *Cives Romani*, ils ne pouvaient le devenir que sous certaines conditions dont la réalisation prouvait l'attachement à la Cité Antique. La naturalisation était alors un bienfait dont on savait se montrer avare, et les difficultés qui entouraient son obtention la rendaient plus désirable.

On ne doit point jeter une nationalité aux pieds des peuples, il faut qu'ils la demandent humblement. L'expérience devrait nous rendre prudents : les peuples adoptifs ont toujours absorbé ceux qui les avaient adoptés. Nous n'avons plus à poser à priori des règles quelconques officiellement professées dans des Ecoles coloniales. La conquête morale d'un pays doit se faire d'après une méthode expérimentalement établie, d'après des principes induits des grands exemples historiques.

Nous ne connaissons pas ces principes, et notre ignorance peut avoir de graves conséquences.

Nous avons appliqué à l'Algérie la loi de 1889, sur la Nationalité. Cette loi est excellente en France où les étrangers forment le petit nombre, où ils sont noyés dans la masse de trente-six millions de citoyens. En Algérie, elle présente un danger auquel le législateur ne s'est point arrêté une seconde.

Il y a peu de Français en Algérie. En dehors des trois millions de Musulmans, l'appoint de la population est fourni par l'Espagne, par l'Italie, par Malte.

Des balancelles déversent chaque jour, sur le sol Algérien, des familles entières, qui, à l'étroit dans leur pays natal, viennent demander aux voisins une place au soleil.

Ce n'est certes point l'aristocratie étrangère qui s'implante ainsi chez nous, mais bien cette plèbe misérable et loqueteuse pour laquelle la patrie est le lieu où se trouve un croûton de pain à ronger. Ils font souches, et leurs enfants deviennent Français par le bienfait de la loi, car, quels que soient leurs sentiments, ils ne peuvent, à leur majorité, subvenir aux dépenses d'une revendication de nationalité. Aussi leurs descendants sont-ils Français de naissance, et beaucoup, qui nous détestent cordialement, jouissent cependant, bien malgré eux, des droits et des avantages attachés à la qualité de Français. En pourrait-il être autrement ? souvent les portes de leur pays se sont fermées sur eux pour des raisons quelconques...

Peut-être et malgré la compromission qui en résulte pour le Français de France, le danger n'est-il pas aussi grave. L'étranger honnête, ainsi légitimé, finit par s'attacher assez au sol pour en aimer les possesseurs.

Au point de vue de l'agriculture coloniale même, cette immigration est inappréciable ! Il est certain que les Espagnols, et parmi eux les Mahonais, généralement sobres et courageux, ont été d'excellents agents de colonisation. Elevés dans leur pays à la dure école du besoin, ils ont tiré un merveilleux parti des coins de terres qu'ils ont pu acquérir, et ils ont fourni une main d'œuvre peu coûteuse et recherchée.

Tous ces éléments divers fusionnent lentement car ils sont unis par un lien occulte, le lien religieux. Depuis soixante ans, ils ont naturellement formé une variété de Français, admirablement appropriée au climat, aux mœurs, au sol, mais dont l'esprit n'est plus adéquat à celui de la Métropole. C'est là justement qu'est le danger. Il faut maintenir à l'esprit français la prédominance, et pour cela il est nécessaire que notre sang soit plus abondant. Aussi devons-nous favoriser l'immigration française, attirer les agriculteurs français en Algérie. Rien n'a été tenté jusqu'ici, ou plutôt les essais ont été si timides et si maladroits que l'on n'a obtenu aucun résultat. A l'origine on a concédé des terres et les Français besogneux ont répondu aux premiers appels. Mais il y a eu d'inqualifiables gaspillages, car on a satisfait à toutes les demandes ; aussi, de mauvais médecins, ou de piètres architectes se sont trouvés agriculteurs un beau jour et placés à la tête de territoires dont ils n'ont rien pu faire, évidemment. Sans argent, sans connaissances agricoles, leur sort était prévu.

Plus tard, on a changé de système, car on a toujours procédé systématiquement, administrativement. On a exigé des futurs colons des garanties ; on a voulu qu'ils justifiassent d'un certain avoir, d'un capital ; on leur a imposé l'obligation de construire dans un délai donné, de défricher un minimum de terres dans un temps déterminé. Les agriculteurs français ont, avec beaucoup de raison, préféré rester en France. Ils y ont moins de mal, plus de profits et surtout ils jouissent de plus d'estime et de considération. Car on a dit des horreurs du colon, on a calomnié l'Algérie tout entière. Les fonctionnaires tarés, que la protection gouvernementale avait rappelés en France, avaient su forger cette réputation qui persiste encore à tel point que le dicton s'est acclimaté : " Qui dit Algérien, dit voleur."

En méprisant ainsi les nôtres, avons-nous pensé que nous semions en bonne terre des ferments d'indifférence et peut-être de haine ?

La réflexion a été tardive, mais elle est venue ; déjà dans nos parlements la réhabilitation a été tentée. A-t-elle abouti ? Non, car au lieu de se traduire par des actes, l'indignation des bonnes volontés s'est bornée à de belles paroles, évanouies bien vite, comme une immense colonne de fumée.....

Il faut faire connaître l'Algérie, car la connaître c'est l'aimer, et pour attirer à elle les esprits hésitants, il faut consentir de solides et durables avantages à ceux qui voudront s'y fixer. Concédons des terrains aux travailleurs estimés et considérés dans leur pays ; donnons-leur toute facilité pour vivre avec leur famille ; avançons les capitaux nécessaires, ils nous seront rendus au centuple. C'est là un beau rôle pour un Etat, et il n'y aura aucun risque puisque ces capitaux devront être utilisés sur les terres concédées. L'Etat n'est-il pas le tuteur légal de tous ses sujets ? Surtout ne laissons point à des sociétés financières un pareil monopole, car la spéculation est la ruine de l'agriculture. De même peu ou point d'impôts ! L'enfant succombe sous la charge que portent avec aisance de robustes épaules.

S'il suffit, pour coloniser un pays, d'y organiser les rouages savants et compliqués de l'administration ; d'y partager les territoires en communes, en arrondissements, en départements ; d'y installer des fonctionnaires, et d'y consacrer le droit à l'urne, le droit au bulletin de vote, il faut avouer que nous avons fait des prodiges. L'Algérie politique est bien plus avancée que n'importe quel département français ; les batailles électorales y sont chaudes, et cela d'autant plus que tous les électeurs étant du même avis, d'un républicanisme farouche, les luttes s'engagent sur des questions personnelles, ou sur les gammes différentes du rouge. Rien ne manque ; les feuilles locales entredéchirent à belles dents les candidats des partis adverses ; les réunions politiques dégénèrent toujours en rixes et se terminent assez généralement par l'extinction des feux sur les ordres du Commissaire de Police. Le parti vainqueur sauve la République, mérite bien de la patrie ; mais pour le parti vaincu la campagne n'est pas terminée ; elle reprend avec une vigueur nouvelle. La minorité prépare le terrain pour les luttes prochaines, suppute les chances, dénombre les voix, réchauffe les hésitants, ramène les égarés, et si elle remporte la victoire à son tour, elle a sauvé la République et bien mérité de la patrie.

Tout cela vous étonne peut-être, mais vous allez comprendre. N'écoutons pas Newton, et forgeons une hypothèse : Supposons qu'un nouveau gouverneur arrive à Alger, et qu'il se trouve en présence deux partis politiques : les Opportunistes, les Radicaux. Les opportunistes sont au pouvoir, ils administrent à leur guise, ils représentent la colonie à la Chambre et traînent à la remorque ce qu'on appelle le Gouvernement Général.

Supposons toujours que ce nouveau gouverneur, ayant de bonnes intentions, s'aperçoive bien vite que certains fonctionnaires ou magistrats ont à se reprocher de ces petites fautes pour la répression desquelles a été instituée la Cour d'assises ; qu'il découvre des irrégularités fâcheuses ; il voudra réaliser ses intentions, il voudra sévir. Mais il se heurtera à l'opportunisme tout entier, tout le parti se dressera devant lui, car l'opportunisme a des traditions et il constitue lui aussi son petit "bloc".

Que va faire le gouverneur ? La situation est délicate. Mais quand on a été préfet on reste toujours un peu diplomate ! Le gouverneur se dira tout simplement : Je vais renverser les opportunistes et livrer les coupables à la justice, puis je consacrerai le triomphe des purs, des honnêtes qui forment ici le parti radical.

Vous trouvez tout cela très bien ? Ce pauvre gouverneur, qui espérait travailler à la prospérité de la colonie, est à plaindre ! Le voilà comme devant, condamné à la politique à perpétuité.

Sa tâche n'est vraiment pas commode, et il est indispensable qu'il ait très bon caractère, car il n'a pas précisément une "bonne presse".

Ecoutez la " *Dépêche Coloniale* ".

« Le Gouvernement cependant avait sa conviction bien établie, puis-
« que dès la constitution du cabinet Méline, il avait été résolu de rem-
« placer Mr Cambon qui, quelle que soit l'issue des débats à la Cham-
« bre, ne peut pas retourner en Algérie. Des considérations de haute
« moralité politique s'y opposent et défendent de donner la fameuse com-
« pensation à des hommes qui ont renié leurs origines et trahi leur parti. »

Suivez la " *Vigie Algérienne* " :

« C'est un ambitieux sans convictions et sans scrupules, qui brise les
« résistances, qui tourne insidieusement les obstacles qui se dressent
« devant son but. »

Si le malheureux gouverneur a le mauvais goût de se plaindre, et d'avouer discrètement à la tribune qu'il a quelquefois de nausées, on ne craint pas de lui dire son fait :

« Le respect que l'on rend aux hommes, Monsieur, est celui qu'ils savent
« mériter. Quant aux larmes des femmes, il n'y a que vous et les jour-
« naux que vous soudoyez qui en aient jamais fait verser. Comment et
« par quels pouvoirs forts, empêcherez-vous un misérable de publier un
« article outrageant pour une femme, vous dont le principal défenseur
« est une feuille immonde qui déverse périodiquement sur le Président
« de la République et sa noble compagne, — on a été jusqu'à dire que
« c'était sur vos investigations, — des tombereaux de fumier et d'ordu-
« res. »

Voilà la note tragique, mais il y a aussi la note gaie :

« On nous affirme — mais nous donnons la nouvelle sous toutes réserves
« — que les arrêtés du gouverneur seront à l'avenir précédés de la for-
« mule suivante :

« Badinguet II, par la grâce de Dieu et contre la volonté nationale,
« Empereur des Algériens, à tous présents et à venir salut. »

C'est plutôt dur, et M. Cambon est d'autant plus admirable qu'il a M. Millet pour voisin.

Voulez-vous entendre l'autre cloche ; elle rend un son différent, mais il vaut mieux ne pas abuser des bourdons....

Maintenant supposez que le gouverneur marche avec les opportunistes, et la note précédente sera celle des radicaux.... Cela vous étonne ? ne vous tourneboulez pas l'entendement, vous ne comprenez rien à la politique.....

La vie politique est active et intense, et selon les bons exemples de la mère patrie, elle est féconde en dessous et en scandales. Les fonctionnaires recherchent soigneusement l'appui des élus, et à leur tour ces derniers casent leurs partisans dévoués. Les situations deviennent des fonctions électorales auxquelles on ne nomme qu'après de solides preuves d'habileté politique. A l'expiration de son mandat, l'élu mis en minorité voit s'écrouler l'édifice construit de ses mains, et réintégrer en leurs sinécures les adversaires qu'il en avait chassés. Son concurrent, plus heureux, pour asseoir d'une façon durable son nouveau règne, sape sans pitié. On découvre alors des marchés et des trafics honteux ; des achats et des ventes d'influences, des panamas minuscules. La France, si indulgente pour elle-même, crie bien haut au voleur ! On questionne, on interpelle, et tandis que l'opinion publique s'émeut et se passionne pour ce qui se passe derrière le mur, les petits agiotages continuent en pleine sécurité de l'autre côté. On sacrifie, en apparence, l'agent incriminé, on proclame que justice est faite, et.... on donne à l'intéressé les compensations qu'il désire

Ainsi mise sur le tapis, l'Algérie défraie les conversations : Haro ! sur le baudet ! Tous embouchent la trompette infamante et grossissent, pour étouffer leur conscience, ces petits scandales quotidiens.

Ces fanfaronnades devenues habituelles nous laissent assez impassibles. On pense avec raison, par delà la Méditerranée, qu'après tout, ces vols ou ces pillages sont accomplis par des gens venus de France, ou d'ailleurs, envoyés ou protégés par le Pouvoir Central, et que le meilleur remède à une telle situation, serait encore de garder pour soi le monopole du fonctionnarisme taré.

Dans la réalité, et comme le fait encore remarquer M. Daniel Saurin : « L'Algérie n'est plus administrée depuis 15 ans. Ce n'est même pas « l'anarchie féconde où chacun pourrait peut-être épanouir ses facultés « et prendre sa libre place au soleil. C'est la contradiction à chaque pas, « l'autorité maladroite qui entrave ou tolère, ordonne ou défend sans « jamais savoir ni pourquoi, ni comment. C'est un Gouverneur général « qui ne peut rien et fait tout, auquel nous pouvons tout demander et « rien reprocher, qui prend, s'il lui plaît, tous les pouvoirs, sans aucun « droit, ni la moindre responsabilité rigoureusement définie. Nous avons, « certes, marché quelque temps grâce aux efforts individuels qui résis- « tent quand même aux pires calomnies, mais il a fallu s'arrêter quand « même et bientôt s'écrouler, impuissant, sous le poids lourdement accu- « mulé des erreurs et des mensonges ».

Mais qu'un Gouverneur veuille arrêter les choses, qu'il ait l'intention de curer le ruisseau fangeux de l'administration, qu'il essaie de passer ses subordonnés au crible de l'honnêteté, il échouera fatalement dans ce travail d'Hercule. Il lui faudra s'arrêter avant que d'avoir pris élan. Les influences les plus hautes viendront barrer sa route, et l'enfermer dans le dilemme gouvernemental : le marasme ou la démission.

L'aveu en a été fait publiquement, et l'aveu est indivisible. Lors de la dernière discussion à laquelle l'Algérie a donné lieu, c'est-à-dire lors de l'interpellation Fleury Ravarin, nous avons entendu un membre de la représentation algérienne déclarer que ce qu'il y avait lieu de craindre avant tout, c'était l'intervention de fonctionnaires dans les luttes politiques, et citer, à l'appui de son opinion, des faits de pression administrative dont il avait — selon lui — personnellement souffert. Heureusement, le fonctionnaire visé était commissaire du gouvernement ! Il a dû penser que Lemice Terrieux, avec plus de pudeur, avait l'ironie moins macabre.

La franc-maçonnerie des compétiteurs est puissante. Elle lutte victorieusement contre nos ministres eux-mêmes, et le décret qui nomme un fonctionnaire hors de la France continentale, couvre souvent des procédés plutôt bizarres.

Vous savez déjà comment on nomme un gouvernement de l'Indo-Chine, mais vous ignorez peut-être comment les choses se passent ailleurs. Ne vous mettez pas l'esprit à la torture, c'est de Madagascar qu'il s'agit.

Vous vous rappelez.... le congrès de Versailles vient d'élire le Président, et il s'agit d'organiser la « Maison » du Premier Magistrat de la République. Laroche est préfet d'Alger. Vous aller saisir, ces faits sont connexes.

Laroche a des attaches avec l'Elysée, car il a été sous-préfet au Havre ; il brûle, comme Cicéron, du désir de quitter la « Province », il pense qu'il a fixés sur lui les yeux du monde, et il aspire — avec une certaine logique — à devenir aussi le « Père de la Patrie ». Il a fait de belles, de grandes choses, car il a le don des langues et le tempérament marin. Il a appris l'arabe et fait de ravissantes promenades en torpilleur. La rade de Mustapha est une enchanteresse, et il est doux de contempler du large le coucher du soleil par delà le Djurjura....

C'étaient là des titres sérieux au Secrétariat général de la Présidence. Vous souriez ? C'est un tort, car Félix Faure ne souriait pas du tout. Pourquoi ?.... Ma foi.... vous me rendriez un grand service en me renseignant là-dessus.

Félix s'en tira très habilement. Il déclara qu'il voulait un militaire. Affaire de goût ! et vous savez si l'uniforme a quelque attrait pour le Président.

Laroche restant pour compte, il fallait chercher une nouvelle combinazione.

On ne mit guère de temps pour la trouver :

On rappelait Cambon, auquel on donnait une ambassade, et on installait Laroche au palais de Mustapha. C'était simple. Malheureusement, pour faire aboutir une combinaison, il faut trouver des gens qui veulent bien y rentrer ; or, Cambon n'est pas commode, il veut une belle ambassade, et Berne n'est peut-être pas une belle ambassade. Echec à la combi-

naison ! La partie est perdue. Mais voici que Madagascar se présente !…
Crac…. Laroche est casé. Quelle aubaine ! Là aussi, il y a la mer à
traverser, et le malgache à apprendre !

Cela vous étonne ! Pourtant il y a au moins un an que la presse nous
entretient du remplacement de Cambon. On a désigné le successeur ; il
s'est nommé lui-même en riant jaune à la Chambre ; demandez plutôt
à Viviani….

Très bien. Mais pourquoi donc remplacer Cambon ! Ah ! voilà, nous
sommes dans le même embarras, pourtant :

> **Je vois bien quelque chose,**
> **Mais je ne distingue pas très bien.**

Il y a peut-être des convenances, il y a peut-être Bertagna, Thomson….
que sais-je ?

Rentrons dans la question, car tout ceci est un peu compliqué. Voici
des faits qui vous intéresseront davantage, parce qu'ils sont à la fois plus
simples et plus actuels.

Il y avait à Alger un procureur général qui ne faisait pas son devoir,
car il voulait poursuivre des gens qui avaient concédé le plus irréguliè-
rement du monde l'exploitation de gisements de phosphates à une
Société anglaise.

C'était une iniquité. Le châtiment ne se fit pas attendre. On remplaça
le procureur général qui ne faisait pas son devoir par un procureur
général qui faisait son devoir. Mais le procureur général qui ne faisait
pas son devoir avait de sérieux appuis qui exigèrent une compensation.

Savez-vous ce que c'est qu'une compensation ? Tant pis. Ne cherchez
pas. Larousse ne vous renseignera pas, parce qu'il faudrait des livres et
des livres pour vous expliquer….

On nomma donc un nouveau procureur, et on installa l'ancien sur le
siège du Premier Président. Mais que devint le Premier Président ?
Dame ! il était embarrassant ; mais vous savez, depuis Quesnay de Beau-
repaire, il y a la Cour de cassation ; seulement comme il n'y avait pas de
place vacante, il attendait tout récemment encore son installation.

C'est simple ! l'ancien « Général » était debout…. Il est assis. Il par-
lait…. maintenant il écoute…. Il allait à l'action publique…. il attend
qu'elle vienne à lui.

L'Administration mène la banqueroute, car elle est la négation de
l'initiative individuelle, l'agent principal de la colonisation.

C'est là une vérité reconnue à la tribune : « On a voulu trop prématu-
« rément, dit M. Fleury Ravarin, imposer à l'Algérie les institutions
« administratives de la Métropole. »

Il faut à une colonie un très petit nombre de lois répondant à ses
besoins immédiats, et dont l'application n'exige qu'un nombre très
restreint de fonctionnaires. Il n'est point utile d'imposer avec nos armes
l'arsenal de nos codes et de notre législation si imparfaite. Nous devons
éviter au pays neuf les hésitations, les erreurs, les maux que notre inex-
périence ne nous a pas permis d'éviter chez nous. Nous souffrons cruellement, sur le continent, d'une organisation déjà vieille de cent années et
qui ne répond pas à nos besoins. Nous n'avons pas mis l'Algérie à l'abri de
ces souffrances. Au contraire, l'administration algérienne est complice de
tous les brigandages électoraux ; elle se soucie fort peu de l'avenir du
pays. Récemment, quand il s'est agi de créer dans le département d'Alger
un de ces chemins de fer de pénétration qui sont les avant-coureurs de
notre influence, elle a manœuvré si habilement que la ligne nouvelle a
été construite suivant le tracé le plus désavantageux. Pour satisfaire aux
exigences, alors hautes en cour, d'une petite ville ambitieuse de devenir
tête de ligne, on a édifié une infinité de tunnels et de travaux d'art à
travers une région impraticable et dont le trafic est insignifiant. Il est
vrai que l'Etat ayant offert sa garantie, il était parfaitement inutile à la
Compagnie concessionnaire de profiter des avantages commerciaux que
présentait la riche vallée voisine, naturellement indiquée pour une
installation économique et une exploitation profitable. Le résultat bizarre
de cette conception coloniale est tel que la Compagnie a intérêt à n'avoir
point de transport et à éviter les voyageurs.

En pourrait-il être autrement ? Les fonctionnaires forment une majorité électorale, à la dévotion des élus du jour. Tel village comprend
cinquante électeurs qui émargent à peu près tous au budget : Administrateur, adjoints, percepteur, juge de paix, suppléant de juge de paix,
greffier, interprète, médecin, instituteur, garde-champêtre, etc...

La politique est une épidémie sociale dont l'Europe, dangereusement
atteinte, souffre et agonise ; préservons les pays neufs de la contagion,
ils n'y résisteraient pas ; cette fièvre endémique est plus terrible que toutes
celles que nous rencontrons ailleurs, car nous ne nous en débarrasserons
plus même en l'inoculant à des sujets robustes et sains. Pour si habile
que soit un diplomate ou un fonctionnaire on ne doit point lui laisser
mettre le pied en un pays qui n'a point encore subi son influence,

Il n'y a que deux moyens de coloniser, deux moyens qui se doivent combiner : l'épée et la charrue. Le rôle de l'épée terminé, celui de la charrue commence : aux soldats doivent succéder les laboureurs. L'avenir de nos conquêtes est tout entier résumé dans cet apophtegme du Maréchal Bugeaud : *Euse et Aratro.*

Nous sommes bien loin de cette vérité, et la course folle entreprise par les puissances qui se disent grandes, à la conquête de l'Afrique, nous en éloigne davantage. Les chancelleries ne cachent même plus leur jeu : Il ne s'agit plus d'occuper un territoire inhabité, de s'approprier par la force ou en vertu d'une prescription internationale quelconque, les déserts du continent noir ; il faut créer des débouchés à nos produits, et nous procurer à bon marché les richesses dont est pauvre notre sol. Voilà bien de la franchise !

Le besoin de vivre a transformé les nations en de vastes entreprises commerciales, soumises à la concurrence des voisines et aux crises terribles qu'entraîne après soi l'inévitable loi de l'offre et de la demande. Pour vendre quand même, pour acheter à des prix rémunérateurs, on a recours aux pires arguments. La force ne légitime-t-elle point tout ? On échappe aux aléas d'une conquête paisible et laborieuse dont le résultat même certain se perd toujours dans les brouillards de l'avenir. On s'implante à l'étranger, on engloutit des capitaux énormes pour une conquête apparente, alors que des sommes beaucoup moins considérables, sagement utilisées, suffiraient à donner aux possessions acquises un bien-être qui rejaillirait en abondance sur nous. Nous nous étourdissons avant la banqueroute, mais le réveil sera terrible, car le temps est proche où, à la place de notre raison sociale, s'étalera l'écriteau infamant : Boutique à louer. »

V

Il y a cependant d'honnêtes hommes, parmi les fonctionnaires de la Colonie : français d'esprit, algériens de cœur ; mais bien qu'ils demeurent à l'abri de tout soupçon, ils encourent néanmoins une terrible responsabilité devant l'histoire coloniale. L'inaction à laquelle les réduit la protection trop efficace des représentants du pays est une lourde faute dont ils se disculperont difficilement. Ils renoncent à la lutte par lassitude et aussi par découragement. Chose grave ! ils ont conscience de leur tort, ils le reconnaissent franchement.

L'union n'est pas toujours la force agissante ; souvent, au contraire, elle constitue la force d'inertie. Ce que chacun voudrait et pourrait séparément, est paralysé par le mouvement réglé de l'agglomération administrative. Il en résulte que l'Algérie, entraînée dans les rouages compliqués de la machine française, passe d'autant plus inaperçue qu'elle est davantage noyée dans l'ensemble. Aussi n'est-elle connue en France que par ses scandales. On ne la révèle au peuple de la Métropole que lorsque les exécutions y sont nécessaires, et alors la honte de quelques-uns rejaillit fatalement sur tous. Les journaux brodent à l'infini sur le thème proposé et la déconsidération est le résultat le plus appréciable de tout ce tapage. Récemment, on a fait en France, autour d'une de ces affaires pourtant si fréquentes ici, un bruit formidable. La question a été portée au Sénat, transformée en interpellation ; elle a inquiété le ministère au point de le mettre à deux doigts de sa chute ; la presse s'est émue, et l'on a même pu lire cette phrase topique dans un journal : *la Presse* : « Un peu négligée pendant quelques années par l'opinion, l'Algérie vient de s'imposer aux préoccupations légitimes du public. »

Hier encore à l'occasion de faits odieux, mais qui ne sont pas sans précédents dans les annales militaires, l'*Intransigeant* écrivait : « On fait aujourd'hui en Algérie des choses que l'Empire lui-même n'eut pas tolérées. »

Les variantes sont multiples, et prouvent la fécondité de l'imagination française, d'autant plus en éveil que les détails précis sont moins connus ; elles permettent à nos compatriotes de se mettre en frais d'humour à nos dépens, et d'exposer des théories dont la plupart aboutissent à de véritables énormités. De bonne foi, l'*Estafette* déclarait : « La conquête sera complète seulement quand les indigènes parleront français et partageront nos idées. »

Voici bien M. Jourdain dépassé !

Pourtant, si sérieusement on voulait se mettre à l'ouvrage, et s'enquérir des besoins de la colonie, l'effort ne serait point si considérable. La presse locale, malgré ses violentes polémiques, ajoute chaque jour un chapitre nouveau à la longue théorie des justes revendications ; elle travaille avec ardeur à la rédaction des cahiers algériens.

En dehors de la politique, ses organes s'entendent pour proposer d'excellentes choses, basées qu'elles sont sur une expérience accumulée depuis longtemps. Malheureusement leur voix n'est point entendue en France, on y a bien d'autres soucis ! Les délibérations si éclairées des assemblées communales, les vœux des représentants départementaux toujours inspirés par l'amour du pays ne sont jamais écoutés, car ces cris de détresse sont étouffés par le bruit assourdissant des vagues....

Le coin du voile qui nous dérobe aux regards indifférents des Métropolitains se soulève parfois, mais on ne compatit point à nos misères ; tout au contraire. Après quelque beau discours ou quelque tirade sentimentale, on nous montre comme des monstres d'apostasie, comme des traîtres à la patrie. Du doigt, on nous indique comme réalisant le type du mauvais citoyen. Frondeurs, séparatistes, autonomistes sont autant d'injures qu'on nous crache au visage. Nous sommes les parias de la Société française, davantage même, la honte de l'Humanité, les bourreaux de nous-mêmes et des Musulmans. Si nous demandons que la part soit laissée plus large à notre initiative, c'est pour bâillonner plus commodément nos misérables victimes. Nos sentiments, on les connaît ! et le knout vengeur nous déchire les flancs.

Le rideau tombé, que pouvons-nous faire autre chose que de soigner nos plaies béantes ? Et cependant, nos besoins s'accumulent plus nombreux, plus urgents. Ils s'accommodent mal des lenteurs législatives ; aussi ne prend-on jamais que des demi-mesures, qui, même opportunes, sont toujours ou presque toujours insuffisantes. Tout n'est-il pas bon pour nous ? et nous avons le front de nous plaindre ?

Voilà le bilan. En attendant, la colonie souffre et se débat vainement contre la ruine envahissante. Mais qu'importe ! voici que nous coûtons trop cher à la Métropole !

Il est vrai qu'après 60 ans nous sommes singulièrement arriérés : Le pays devrait être organisé depuis longtemps, et suffire à ses besoins et au-delà. Les terres devraient être en plein rapport, les chemins de fer achevés, les ports ouverts, les villages construits et peuplés. Notre impéritie a empêché tout cela, reconnaissons-le et frappons-nous la poitrine, ce sera notre excuse ! Secouons cette torpeur qui nous gagne, et songeons que nous pouvons faire de la colonie, avec des soins continus, une terre chananéenne. Utilisons là nos capitaux ; le placement est sûr et avantageux, car nous éviterons les risques que présentent les combinaisons financières étrangères, et les entreprises incertaines dans les pays d'outre-mer......

.... Et ce rôle d'un Etat banquier, que beaucoup rejettent comme un acheminement vers les théories socialistes, n'est point aussi invraisemblable que l'on suppose. N'a-t-on point monopolisé au profit de vastes associations financières, certains droits et privilèges souverains ? Les objections que l'on soulève, ne se heurtent-elles pas toutes à cette simple constatation, et faut-il ajouter qu'au point de vue de l'agriculture — cette mamelle des pays fertiles — il y aurait d'immenses avantages à éviter au laboureur la cupidité et l'acharnement des prêteurs ? La question est trop sérieuse pour mériter autre chose qu'un examen même minutieux. Il nous faut des capitaux, l'Etat nous les fournira ; il nous faut des bras, nous les trouverons dès que nous pourrons faire vivre l'ouvrier.

C'est là la question mère, celle qui, une fois résolue, solutionne toutes les autres, et avec elles l'importante question ethnique, primordiale en matière de colonisation. Du même coup se trouve paralysée l'étreinte juive sous laquelle étouffe la colonie. Car il y a une étreinte juive. Demandez plutôt à Drumont ! Il vous dira que si les israélites célèbrent le grand pardon, ils ont aussi un culte pour le « Grand Tombeau ». Il vous dira que cette rue de la Clef, où il y avait naguère la célèbre institution Savouré, et une pension de famille, semblable à celle de la mère Vauquer décrite par Balzac, est toujours digne de porter son nom symbolique. Il vous dira aussi qu'elle est la seule sécurité, la seule clef protectrice qui reste aux Judaïsants de cette fin de siècle, où les coffre-forts gouvernementaux n'en ont plus. Ecoutez-le :

« Il y a un régime général, il y a un système, le système capitaliste et
« juif auquel sont également affiliés les représentants des partis qui se
« disputent le pouvoir. A ce système, les Républicains, plus avides parce
« qu'ils sont plus besogneux, demandent peut-être des satisfactions plus
« immédiates ; ils font preuve peut-être de plus d'âpreté et d'impu-
« dence, mais les Conservateurs sont aussi attachés à ce régime que les
« Républicains ; ils ont peut-être plus d'intérêts qu'eux à sa durée et ils
« n'entendent pas qu'on y touche. »

Vous allez peut-être dire : mais Drumont n'est pas un bon témoin ; son opinion n'est pas assez libre ; c'est un chef de parti, je me méfie de lui. Soit, récusons-le si vous voulez. Il n'aura pas de rancune, car il attend patiemment son heure. Il sait que le jour viendra où il aura action sur la masse. Nous ne le consulterons, comme on dit au palais, qu'à titre de renseignements, pour éclairer notre religion.

Lisez Saint-Auban :

« Cette puissance ténébreuse, enveloppante, malfaisante : la puissance
« corruptrice du Juif — du Juif qui, le lendemain du jour où il a signé
« ses marchés, jette deux mille francs dans le tiroir d'un officier
« comptable dont l'emploi est assimilé au grade de chef de bataillon —
« du Juif qui ose dire en face d'un juge d'instruction : « Si nous déchi-
« rions le procès-verbal de ma déposition d'hier ? » — du Juif dont le
« bec crochu murmure à l'oreille du contrôleur général : « Eteignez
« cette affaire..... je vous assure que le ministre vous en sera reconnais-
« sant !.... » — du Juif qui, non content de gagner vingt-six pour cent
« sur des bottes bien faites, en livre d'avariées pour grossir ses millions
« — du Juif qui travaille dans le cuir et l'étoffe, comme d'autres dans
« la viande et le pain — du Juif qui s'enrichit du soldat vivant, comme
« le corbeau se gorge du soldat mort — du Juif qui, comique et drama-
« tique à la fois, signale à un caissier les quinze centimes d'un timbre
« qu'on oublia de lui rendre, et la main sur la poitrine, où brille la croix
« d'honneur, prête deux faux serments pour détourner sur un goy le
« péril d'un soupçon — du Juif qui, après avoir tripoté les carnets de
« chèques, essaya de filouter les papiers de l'état-major — du Juif qui
« cloua l'Idée et qui voulut vendre la France !..... »

Le député Denis ne vous a-t-il pas convaincu et vous faut-il d'autre preuve de cette vérité, que nos politiciens ne sont que les gnafrons de ce guignol gouvernemental dont le Juif tient le fil mystérieux.

Folleuil est un doux, un paisible, un résigné, demandez-lui donc ce qu'il pense de la « The international, inepuisable and incomparable gogo gold mining Company-farce illimited, » ou de la Société française pour l'exploitation du pollen de chardon ?

Etes-vous satisfait ?

L'antisémitisme a toujours passionné la colonie, et le gouverneur, qui n'est pas un ultramontain, regrettait tout récemment à la tribune, en véritable hébréophobe, le décret arraché en une période de troubles, au gouvernement de la défense nationale. Il en contestait l'opportunité, il en montrait les effets funestes, il en déplorait les conséquences à venir.

N'entendez-vous pas la voix des Remparts d'Aigues-Mortes :

« En Algérie l'antisémitisme est universel. Il apparaît essentiel, impla-
« cable, absolu, comme une loi de la nature. Il est une des conditions
« nécessaires de la pensée. On ne le discute pas. On ne prend même
« plus la peine de le proclamer : dès longtemps il est classé au rang des
« évidences. »

C'est exact. Le député Samary doit son élection à sa profession de foi antisémite. Il s'était porté « candidat antijuif ».

Il y a donc une question juive !

Voici longtemps que nos sujets musulmans proposèrent de la régler en vingt-quatre heures, et leur aversion pour les membres des Juiveries n'est pas seulement une aversion religieuse. Il y a des siècles que l'Arabe souffre de l'usure, dès avant Mahomet. Aujourd'hui ce mal est plus terrible encore. Lorsqu'un musulman apporte ses pièces chez un avocat défenseur, plus ou moins judaïsant, le Chaouch (M. Burdeau nous a expliqué ce qu'il fallait entendre par là), prend le dossier et exige une provision. Le client n'a généralement pas le sou. On le met à la porte, en lui criant bien haut qu'on ne s'occupera de son affaire que lorsqu'il aura consigné. Seulement, comme on a gardé les pièces, l'Arabe est fort perplexe, il se décide pourtant et court en face, chez le banquier israélite qui lui prête à un taux exorbitant une somme dérisoire.

Demandez à Drumont comment les choses se passent, car les procédés du Juif sont universels, comme lui. L'anecdote est extraite du *Lillois* :

« Un paysan russe se rend chez un prêteur juif et lui demande à em-
« prunter cinq roubles (20 francs) pour un mois.

« — Je veux bien te prêter cinq roubles, dit l'Israëlite mais à la con-
« dition que tu m'en rendras huit dans un mois.

« Le paysan hésite un peu, puis pressé, par le besoin, il accepte.

« — Mais, reprend l'autre, j'ai l'habitude de prendre l'intérêt d'avance,
« par conséquent je vais te donner trois roubles, et tu m'en devras encore
« cinq.

« Le pauvre moujik n'est pas content ; cela ne fait pas encore son
« compte ; cependant, plutôt que de ne rien avoir, il consent à la nouvelle
« combinaison, signe un billet au juif et reçoit trois roubles. Au moment
« où il va passer la porte, le prêteur le rappelle :

« — Ecoute, je sais qu'il te sera bien difficile de me rendre cinq rou-
« bles à la fin du mois ; donne-m'en deux à présent et tu m'en remettras
« trois à l'échéance.

« — C'est vrai dit le paysan. Et il donne deux roubles.

« — Ma foi, reprend le Juif, en réfléchissant bien, il me semble que
« tu n'as pas grand besoin du rouble qui te reste. Remets-le moi, tu ne
« m'en devras plus que deux ! Le paysan, ahuri par tous ces comptes, ne
« comprend rien, donne son dernier rouble et s'en va. Naturellement, le
« mois écoulé il doit payer les cinq roubles montant du billet souscrit. »

La haine du musulman s'accentue davantage et s'augmente de celle
des Européens, aujourd'hui appauvris et dépouillés. Il y a dix ans à
peine, on courait sus aux Juifs dans les rues d'Alger et l'ordre était trou-
blé pendant une longue semaine. Vous vous rappelez pourquoi : Il y
avait eu altercation, un soir à la musique, entre un Français et un Juif.
A bout d'arguments, ce dernier avait dit : « Les Français sont tous des
lâches, ils ont capitulé en 1870. » Ces paroles soulevèrent une véritable
tempête. On est chauvin en Algérie.

Le cri de guerre fut poussé. On se rua sur le quartier des Juifs, on envahit les boutiques, on brisa ce qui appartenait aux fils de Moïse...

Les Juifs furent ravis, car ils se firent payer, par la ville, des indemnités
extraordinaires.

Plus de la moitié de l'Algérie leur appartient, et ils ont sur l'autre
moitié de tels droits qu'avant peu ils seront partout les maîtres incon-
testés. Ils ont l'or, l'or qui le matin « paye les politiciens et qui le soir
paye les filles », l'or qu'ils montrent hardiment aujourd'hui et qu'ils
enfouissaient hier encore.

Coppée, le doux Coppée, est venu dans cette galère. Ecoutez sa petite
histoire :

« Accorder les droits de citoyenneté aux Juifs, et non aux Arabes fut
« certes une grosse iniquité, mais l'antisémitisme est également absurde.
« Cependant, le décret Crémieux, qui par les élections a livré l'Algérie
« aux seuls Juifs — ils sont là-bas en très grande majorité — alors que les
« Arabes sont dans des conditions inférieures, est abominable. La vérité
« est qu'il fallait laisser le droit de vote aux seuls Français: les Juifs ne
« voteraient plus, voilà tout. On ne les empêcherait pas de faire fortune ».
Comment le pourrait-on ?

La propriété foncière est entre leurs mains, et le temps est proche où
nous verrons se réaliser cette effrayante prophétie : « Nous sommes la
première aristocratie du monde ».

N'oublions pas que nous n'avons point le droit de renoncer à la lutte
et que nous devons tout faire pour préserver l'Algérie du danger fort grave
qui la menace. A chaque pas en avant du Juif, correspond un pas en
arrière de l'Arabe, plus l'un s'élève, plus l'autre s'éloigne de nous.

Ainsi, le livret de caisse d'épargne de l'Algérie est vierge, rien à l'actif,
et cependant que le passif est lourd ! Dès le berceau, le père soucieux de
son enfant, lui constitue un petit pécule, avec lequel, devenu grand, il
pourra s'établir plus commodément. C'est un devoir de famille que bien
peu méconnaissent. Il en est d'une colonie, d'un pays neuf, comme de
l'enfant ; non seulement sa faiblesse exige des soins coûteux, mais encore
son avenir nécessite une sage prévoyance. Le père qui négligerait ce devoir
serait honni et conspué. Combien donc davantage ne sommes-nous pas
coupables, puisque ces soins, ces dépenses, ces frais seront pour nous
non point seulement une marque de sollicitude, mais encore une avance
dont les intérêts nous seront largement comptés. La colonne " avoir ",
suivant l'expression d'Abel Herman, balancera vite sur le grand livre la
colonne du " doit " et nous pourrons obtenir la réhabilitation à laquelle,
par notre travail, nous avons dès maintenant des droits acquis.

Verrons-nous ces temps heureux ?

. . . .

Mettons-nous à l'œuvre et « travaillons, comme dit le poëte, à ce que
« nous croyons utile et bon, mais non point dans l'espoir d'un succès
« subit et merveilleux, non point au milieu des imaginations d'une apo-
« calypse sociale; toutes les apocalypses éblouissent et déçoivent. N'atten-
« dons point de miracle. Résignons-nous à préparer, pour notre imper-
« ceptible part, l'avenir meilleur ou pire que nous ne verrons pas ».

Grande Imprimerie du Centre. — A. HERBIN, Montluçon.

9 782013 631099